【生活】應用精神分析叢書 04

圍牆裡的精神分析

監所性侵犯治療的困局 × 語言的想像

彭奇章、彭瑋寧、蔡榮裕 著

Utopie
無境文化事業股份有限公司

目　　錄

論 語言的想像——蔡榮裕

跋

一本秋天的書

失去說話的心情後

堅持六隻腳的風要熬出頭

忍受街頭無理的吵雜

替一朵遲來的紫花修行

準備冬天來時

如果要在十字路口說話

可以站在細緻的高腳杯裡

默唸不乾澀的祝福

透明

卻有情

———— 蔡榮裕

感 謝

晙捷科技有限公司

郭春美董事長

贊助出版本書

推薦序

楊添圍/

無所不在的鎖鍊與現實

　　在矯治機構，抑或是所謂性侵害治療處所的心理治療，從一開始就籠罩在相當拘束的環境脈絡中。無論刑法或相關法律的規範（在「性侵害強制治療相關法規沿革及其形成之特殊治療場域」裡有相當詳細深入的說明），從性侵害犯罪防治法立法與相關刑法修法迄今，無論如何演變，運用治療降低「性侵害犯罪再犯」是「防治」主軸下不變的目標。隨之而來的，是被法界人士與人權倡導者抨擊的相對不定期監禁。如果性侵害加害人之再犯危險性無法降低而呈現顯著危險，將導致無法假釋或必須留置於治療處所。當然，這裡的治療，並不會有犯案人知情同意，也很難有雙向契約磨合的過程。

　　即使如此，這群精神分析取向心理治療師（簡稱：分析治療師），仍然勇往探索分析治療的無人之境，邁向傳統精神分析取向心理治療這塊陌生且荒漠之地。這樣的探索，首先遭遇的是「自由」的核心議題──個案自由聯想與治療者的自由漂浮注意力。接續著，還有歷史真實（官方文書、判決書、法律文件的白紙黑字）和

心理真實的反差，在治療者與被治療者都造成內部與外部的張力。當然，還有隨時浮現的外在現實，例如，受矯治者共同居住的環境互動、刑事司法矯治體制、性侵害犯罪者治療評估委員會、假釋委員會。還有，被治療者的認錯、否認、對司法不公的抱怨以及藉口，這些又象徵了什麼？是否有部份的真實和委屈？治療者在面對這些時，如何看待？又如何利用治療技術繼續治療？這些都是相當挑戰與令人刺激不安的主題。

　　閱讀本書的許多時刻，很慶幸自己無需面對如此挑戰的狀態。身為刑案精神鑑定的鑑定人，我可以將自己約束在「客觀中立」、「最少介入」的位置，去面對那些讓我閱讀刑事卷證後，忐忑不安或萬分感慨的案件。身為鑑定人，當然也無需承擔治療者的「原罪」，更遑論這個原罪有著時常幾近無法完成的目標：「降低再犯」。鑑定人完成鑑定報告後，對於司法官是否接納鑑定結論，也可以說，鑑定人本來就是以客觀專業知識，協助檢察官或法官裁判，而不是約束司法官。但是，這些說詞都不是分析治療師可以享有的專業特權。

　　同樣地，分析治療師不同於臺灣目前性侵害治療的主流模式，如「認知取向」或「再犯再發預防治療」模式的治療師。後者多半界線、結構與目標固定而清楚，簡言之，過程限制明確而且有強烈的目的導向。相對地，「精神分析取向」常常會遭到其他專業質疑是否適合這

類犯罪加害人，因為這類治療的外在現實與社會化要求強烈，而被治療者又常常缺乏主動性與自主能力。

當閱讀到作者們敘述：「佛洛伊德更說自我（ego）其實只是奴僕，真正的主人是原我、超我和外在現實。這三位主人都是嚴厲的，都以滿足自身為目的。自我充當這三者的奴僕，只能在這三者之間找出妥協的方向」（取自：關於性侵犯的再犯課題和想像）。突然，有種聯想——分析治療師好像是「自我」，而被治療者則是「原我」，督導和性侵害治療評估委員會好似扮演著「超我」，而刑事司法體系就是鐵錚錚的「外在現實」。奴僕之說，是大師先賢的比喻，總覺得言之過重。而我自由亂入的比喻，不經仔細思索分析，或許真的有些引喻失義。但是，與各方拉鋸互動之餘，治療師還要去聯結自我內在的感受與想法，更不得不讓我感受到，無人之境，縱使沒有惡龍在前，也有著許多的未知與險阻，而探險者本身，比起其他治療情境，背負更多的重物與鎖鍊。

盧梭說：「人生而自由，但鎖鍊無所不在」。這些治療師在深入精神分析取向心理治療無人之境時，勇敢地說出，「治療者心中有多少自由的經驗才是更重要的影響，當治療師愈少自由的經驗，就會更不自覺地認同外在環境的不自由，讓外在環境的不自由，就真的變成難以再走下去的結局。這是治療師需要訓練的重要因素，

也就是愈不自覺地處於不自由狀態時，就會不自覺地認同攻擊者而沉陷在困境裡」（取自：「精神分析取向」運用於性侵犯團體的技術地圖）。

我堅決相信，這些勇於挑戰的精神分析取向心理治療師，對於性侵犯的團體心理治療努力，即使現階段未能掙脫鎖鍊，也已經全力地讓鎖鍊喀喀作響！

楊添圍　醫師
臺北市立聯合醫院松德院區院長
精神科專科醫師
台灣司法精神醫學會理事
曾爲高雄醫學院阿米巴詩社社員

吳建昌/

無限聯想的自由

　　接到榮裕兄邀約，希望我爲本書撰寫推薦序文之時，
心裡事實上是有「阻抗」與猶豫的。一方面，榮裕兄在
精神分析領域經營多年，與彭奇章及彭瑋寧兩位臨床心
理師共同撰寫的這本書，或許已經超過我的「業餘」精
神分析的能力範疇，生怕這個序文無法承載本書的豐富
內涵。另一方面，我曾爲臺灣最早期至監獄從事性侵害
加害人強制診療之精神科醫師，又對於司法精神分析的
主題具有興趣，若有所感而不發，似乎也辜負了我「自
戀」的動能。這個難題，在我閱讀到本書關於「分裂」
的討論時，得到了一個解決方案；其實重點不是在於寫
與不寫，而是在這兩個極端中，從本書的文本找到啓發
點與動力，幫助我以語言將想法呈現。所以，我下定決
心，即使無法完全涵蓋或逐字徵引本書豐富的內容，我
想寫一段文字來表達對於本書觀感。

　　二十世紀最後的一個十年，在各種關於性侵害的社
會事件及女性平權立法之運動下，創造了立法政策之窗
口，臺灣性侵害加害人強制診療法制建置如火如荼；當

年，林明傑教授尚在美國攻讀博士學位，我有幸與陳若
璋教授及幾位國軍北投醫院之精神科醫師同仁至美國參
訪，在當時的林明傑博士生協助下，參訪美國密西根州
監獄之性侵害加害人強制診療計畫，並與治療師及接受
診療之性侵害加害人有對話之機會。當時，帶回來並「植
入」/「殖入」臺灣的性侵害加害人強制診療的構想，是
以強調風險因子管制的再犯預防（relapse prevention）為
核心概念，與某些成癮治療的制度有異曲同工之妙。然
而，多年的研究與文獻回顧，對於性侵害加害人強制司
法心理治療（包括司法精神分析在內），其成效如何，
依據評估之科學嚴謹度之差異，仍有不同之解讀。因此，
這篇序文將從語言與理解之觀點出發，對於本書提及治
療性侵害犯罪人事項時可能蘊含之意義，進行個人之簡
單抒發。

　　本書大致上可分成兩大部分：第一部份是關於在監
所圍牆內對於性侵害加害人進行之司法精神分析，第二
部分則是對於精神分析語彙之探討。我以身為第一代性
侵害加害人強制診療者及精神醫學倫理法律學者之身分，
分享對於司法心理治療/精神分析之看法。首先，強制司
法心理治療在一開始就具備者專業倫理與法律之多層糾
葛。這種治療是在某種「不自由」之脈絡中進行：被治
療者依法必須接受，國家脅迫之工具乃是經過評估小組
認定再犯風險降低而得以「假釋」或者「危險顯著降低」

而得以離開監所之強制治療場域。在這種不自由的脈絡下（對於治療者與被治療者皆然），所以我一邊讀著本書，也一邊想像將精神分析與認知行為治療相結合時，精神分析所創造語言與想像之空間，其實比常用之認知行為治療模式更開闊自由，能夠找尋在認知行為治療過程中意義之交換與流動，找尋能夠有助於改變之建構，這是本書開創性之處。第二，在本書作者們探討強制診療過程之心理動力學之際，我也感受到在這無邊無際的符碼意義創造與交換之際，司法心理治療也浸泡在倫理動力流之中。例如，強制治療之正當性（通常自願接受治療之效果比較良好、在療效有爭議之際如何艱困而行等）；如何掌握心理事實與歷史/客觀事實（如果有的話）來達到療效（心理價值與歷史/客觀事實之倫理價值何在等？從誰的觀點？）；公平性之問題（被治療者團體內、被治療者團體間、對於治療人員、對於被害人、對於整體社會等等）；治療作為一種道德倫理或價值的教育之可能（被治療者之價值系統、精神分析本身之價值系統、治療者本身價值系統、強制治療系統之成效規劃等等）。最後，乍看之下，第一部分似乎與第二部分沒有關聯，但在反思之後，我認為本書這種安排在編排上巧妙地給予讀者「自由聯想」之機會，亦即，讀者瞭解這些語彙之後，不僅更可瞭解第一部分關於性侵害加害人司法精神分析之論述，同時也可藉著聯想自行開發

分析之內涵,從事逆溯之創作,更加豐富本書之意義。我不是精神分析之專家,對於第二部分之語彙探討,完全交由榮裕兄與讀者共同努力,但是我鼓勵讀者在看過蔡榮裕醫師對於精神分析詞彙之分析後,回到前面再重新看一次彭奇章與彭瑋寧兩位心理師對於性侵害加害人團體治療之探索敘事,反芻一番,當更能品嚐精神分析食物之多層味道。

　　性侵害加害人之罪質就是「性」議題,雖然許多社會學者認為表面的「性」議題,隱藏的其實是「權力」、「憤怒」、「道德文化氛圍」等等,而在理解「性」作為佛洛伊德所開創精神分析之核心議題,我其實很期待在性侵害加害人強制診療之過程中,能夠有更多的精神分析工作,在圍牆內強制心理治療之巨大虛空創造更多意義,在反覆有聲或無聲之強制診療「戰爭」中,探討無意義之意義以及治療失敗中之成功處或治療成功中之失敗處,在權力、意義與價值之糾結中找到某種出路,而榮裕兄與兩位彭心理師本書之作,剛好符合我所盼望之此一角色,讓我重新體會並見證我過去在治療團體中說話與聽故事之多層次複雜現象,也可慰與我有同樣期待(移情或反移情?)之人。

吳建昌 醫師
台大醫院精神醫學部主任、主治醫師
台灣司法精神醫學會理事長
台大法律學院科際整合法律學研究所合聘副教授
台大醫學院腦與心智科學研究所合聘副教授

王俸鋼/

先行者的足跡

　　收到蔡榮裕醫師寫序的邀請，是件充滿榮耀但又訝異的事。尤其在看到暫定的書名，顯示書寫的主軸是以精神分析取向作為性侵害犯團體治療核心技術的時候，訝異的心情更是達到了頂點。

　　性侵害犯罪者，作為一個法律上的標籤，他們的共通點其實就只有一個，那就是其性行為違反了當時當地的法律規定而被定罪。顯而易見的，這些犯罪者背後必然充滿了極端的異質性；一個用刀械脅迫的性暴力犯罪者固然應該被以性侵害加害者的身份而定罪，但一個和外表非常成熟但只有15歲的女子合意性交者，也一樣會被以同類的罪名來判刑。在這樣的異質狀態下，能不能有一套統一的技術來「矯正」這樣的行為者，並且期待他們未來的行為都能不逾越這個社會的要求？這本身就是一項很具爭議性的議題。

　　況且長期以來，這樣的矯正措施，到底是不是一種「治療」，甚至各種措施在嚴謹科學證據的驗證下，是否有達到足夠的成效，到目前為止也都仍然爭議不斷。

　　在這樣的脈絡下，精神分析技術本身就是一項易被質疑的標的；作爲犯罪者的矯正技術，有很多臨床研究認爲它的成效有限，甚至對於反社會人格、心理病態（psychopath）的人格特質，會因爲提供了心理動力上的解釋，而使得犯罪者得以進一步的合理化自身的行爲。但這樣的看法，究竟是技術本身確實不適用於這些犯罪者，還是技術使用者本身的問題、甚或是技術理論背後有哪些需要重新思考或改進之處？目前也沒有定論。

　　身爲一個以司法精神醫學爲職志的精神科醫師，個人長期以來一直強調司法精神醫學是以醫學證據爲基礎。作爲臨床精神醫學在法學實務上的應用，難免會以生理學、認知行爲科學爲主要信仰的對象，這顯然與多數人印象中「形而上」的精神分析產生某種扞格。這也是第一印象就自我否定了爲本書寫序的適格性的原因。

　　但這樣的質疑在看完本書之後，得到了相當程度的解答。

　　科學作爲一個認識眞理的方法之一，眞正強調的從來就不是唯我獨尊的地位，而是不斷從不疑中有疑、不斷地否證再驗證的過程。醫學史上有數不清的例子，一個曾經以爲有效的治療，或許初步被實驗數據所否定，但又更深入的觀察和疾病的分類後，再度出現了臨床上相當具有價值的應用。本書在個人的眼中，就是一本非常實務並且相當傑出的嘗試，讓精神分析的門外漢如我，

都深深的感受到，精神分析的技術很可能在性侵害加害者的團體中，會是一個相當值得嘗試的方法。

　　彭奇章心理師、彭瑋寧心理師、蔡榮裕醫師，在本書中全盤思考了台灣性侵害加害者團體治療從個案、團體、甚至在社會法制及監獄架構下的各種現實，導入並使用了精神分析的概念，不只是對團體參與者的個人層次做出觀點新穎的分析，並提出協助的方法和嘗試，甚至從性犯罪的行為分析，到成員在團體中、監獄中及未來的社會情境以及治療者在面對這些實務議題的各種狀況，也都做了很深入的經驗分享和剖析。作為精神分析技術在性侵害加害者矯正措施的應用，本書不只兼具本土經驗的重點表述，更是相關技術在這個領域應用上的先行者，非常值得參考並深入鑽研、推廣。

王俸鋼　醫師
彰基司法精神醫學中心主任
台灣司法精神醫學會常務理事
彰縣家暴及性侵害防治委員會委員

朱春林/

取徑潛意識　探尋人心幽密

　　很驚喜地知道奇章和瑋寧把多年來，以精神分析取向運用於性侵犯團體治療的所見所思整理出來，加上他們的督導蔡榮裕醫師，師徒三人在精神分析有著多年的浸淫與學習，藉著帶領性侵犯團體與思索團體動力現象，淺白地把複雜深奧的古典精神分析技術與概念介紹給讀者，集結成一本很可親的精神分析與性侵犯治療入門書。與這條線交錯的，是同時呈現了性侵犯治療的法律規範與落實到監獄處遇時的相互對照，絕對與一般工作成果報告不同，卻是寶貴的實務工作資料，非常值得立法者、政策制定者、執法者、監督者、司法心理領域的直接與間接觀察者，從更務實與有理論基礎的角度，重新看待性侵犯的心理治療工作。

　　我想瑋寧和奇章之所以讓我有此榮幸先睹本書為快，一方面是因為我們同是桃園市臨床心理師公會的成員，我以理事長的身分代表公會致上敬賀之意。另一方面，在性侵犯假釋評估會議時，我們分坐在長桌的兩側，一邊是團體治療師，另一邊是假釋評估委員，我們有著共

同與不同的立場。很多時候與場合我覺得我是操持不同語言的人，能在專業上相與盡興溝通對話的時候極少；但在北監倒是意外地發現精神分析的語言是共通語言之一，很高興看到心理動力夥伴的努力耕耘。

常常有人知道我們主修心理學或知道我們是臨床心理師時，就會有點擔心又好奇地說：「那麼你會知道我在想什麼嗎？」我不會說不會，我也不能說一定會，不過如果我不能比一般人多看到與看懂一些的話，那麼花了這麼多功夫，我究竟在心理學裏頭學到什麼呢？

人們其實隨時都會從各種言行舉止傳遞著有關他這個人的訊息，光注意他說了什麼，對我們來說是絕對不夠的，還要分一大半的注意力去注意他的言外之意、他沒說的、他的舉措裝扮；還有我的感受、我的反應、我的聯想等等。換言之，我們要學會看到表象下面的另外景貌，要見人所未見。用一個例子來說，當一個人指著我的鼻子罵我時，他還用了自己的四根手指指著自己並說著他自己的種種。人的行為有很大部分並非意識層面的，人以為自己是理智的，是可以好好管理自己的，不過很可能反倒是被下意識或潛意識所引導的。

精神分析取向或說心理動力取向（以下兩者相互指稱）的治療師與其他取向者最不同的一點是能夠把自己當作探測器，在所處的情境中相對更能看清楚發生了什麼事，和面對的是個什麼樣的人。同時，也比較不躁進，

如佛洛依德要求的有所節制；意思是比較能爲當事人著想，而非衝動地尋求治療師的自戀滿足。這樣的取向說來更把當事人當個人來看，治療師用全心全意來聽、看、覺、知當事人。用在複雜難懂的性侵害課題上應該是非常值得耕耘的，不但加深治療工作的力道，不只停留在意識與智性層面的教條與道理；同時幫助當事人更看懂自己，也因此可以選擇其他滿足自我欲求的途徑。

自從佛洛伊德發明了心理治療技術與理論之後，其他後續的新理論或技術的發展者並無法完全擺脫這位巨人的影子而新立門戶，要嘛新瓶裝舊酒，要嘛只是擴增或補充。因此我一直跟學生強調學心理治療者不能不接觸心理動力取向，不然就是白白放棄了最有養分、最有力量的學習材料。換句話說，不要只專注在意識（conscious）層面，要學會看到潛意識（unconscious）的材料。

心理治療理論教科書常說精神分析著重彼時彼地（there and then），我認爲這是誤解，應該說精神分析著重當事人如何把彼時彼地的經驗帶進他與治療師之間的此時此地（here and now）。當事人嘴裡說著過去的故事，同時也可能是在說著現在他與治療師的關係特質。精神分析取向的治療師要能保持自由漂浮的注意力，同時關照當事人所帶來的材料在時間、地理、空間、現實、想像等各軸向的訊息。

　　常有人用現代一般科學的標準批評心理動力治療不夠科學，我倒是認為，一來人類一直就不是能被所謂的科學加以研究的對象，至今我們還是對許多疾病的致病原因或藥物的致效機轉說不清楚。二來，隨著我們能對人類大腦有更多知識與研究工具，已有研究證實心理動力取向治療的神經科學證據。

　　其實佛洛伊德是神經學者出身，他深知一般人會因為精神分析語言的不科學（例如，潛意識位於何處？）而貶抑精神分析，所以他在發展精神分析技術和理論時是十分謹慎與自持的，而他所要求的維持治療架構、保持空白銀幕等技術都是為了減少混淆變項，而讓當事人的作為能夠自然開展與被清楚看見的科學作法。

　　本書作者先說明了運用精神分析的技術與概念於監獄中的性侵犯團體治療的前提設定，之後分享了實務工作的技術運用、理路、體會與反覆思索，最後還有蔡醫師畫龍點睛的提析，讓大家有機會了解精神分析取向心理治療在這個主題上究竟如何運作、經歷哪些歷程、可能如何發生作用等等。此外，我們常常以結果來檢視方案效果，本書某種程度在讓我們看到心理治療要產生效果時所需要顧慮的各種基本架構（例如，場域、關係、理論技術與概念、療效評估……）、促效因素、致效機轉等等，讓大家了解評估心理治療是如何與其他方案不一樣。

看著作者的經驗分享，同時自然地映照我自己的狀況，不但是學習，也是棒喝，從不自覺地讓自己處於不自由的狀態中警醒。佩服作者的勇敢與負責，願意呈現工作過程，受人檢視也自我檢視；在此同時他們也很自然地展現了他們的自信光彩，可喜可賀。

朱春林　博士
銘傳大學諮商與工商心理學系助理教授兼系主任
桃園市臨床心理師公會理事長
中華民國臨床心理師公會全國聯合會第五屆常務理事

沈勝昂/

改　變

　　性侵犯罪是疾病或是偏差的爭議一直以來就是個難題，台灣從八零年代中「性侵害防治法」確立後，強調性侵加害人強制治療的必要性開始，性犯罪儼然被視為是一種疾病，然而回顧過去30年包括歐美的許多研究，顯示性侵犯罪的「發生」與「再犯」不應該單單只是「疾病的」問題，而是兼具心理、社會因素「生涯發展性」的偏差行為，一味地將性侵犯罪「精神或心理」、「疾病/病理化」是一個需要被正視的問題。台灣在歷經多年採用「病理化」觀點的治療後，無論臨床或研究都面臨一個問題，單純依靠臨床醫療或身心治療的「中止犯罪」成效有限，並無法全面「中止」性侵犯罪再犯的發生，如何整合醫療與社區處遇協助性侵犯罪加害人回到社會過正向的生活，才有機會維持「身心治療」帶來的改變成效，也才能進一步的改變「犯罪加害人」那個「負面的」「生命」（「人」）。

　　本書開宗明義展明就依心理分析理論為論點，以心理分析治療取向為框架，採心理分析技術「治療」犯罪

加害人的「性侵」問題。作者們採「心理分析」治療取
向的企圖可謂不言而喻，基本上，就表面上而言，「性」
犯罪以「心理分析」治療之，好似再適合不過了，然而
當「歷史記憶」、「心理真實」、「臨床事實」之間的
關聯在本書作者們進行「治療之際」被強烈的質疑時，
那麼作為治療「理論」背景的心理分析如果無法說明「性
侵」的成因與發展，說真的，要用(心理分析)治療性侵確
實「問題很多」，更何況在「非常態」的「司法情
境」。

　　如果將「心理治療」理論視為「人格」心理理論的
延伸，那麼，每一個「心理治療」理論勢必都要依循一
個可以將「人」說清楚的「人格」心理理論。基本上，
要符合這個要求，有關「人格」本質的觀點，「人格」
如何發展，以及「人格」如何「運作」而產生「人」。
而因為人類社會導入「人」「心理疾病」的觀點，藉由
「人格」理論衍生出「病理」的說理，才有所謂「心理」
「治療」介入的發生，也因此「心理治療」方式或技術必
須能夠相當清楚的回應「人格」理論中，關於「正常
VS.不正常」「人」的說法，理論與治療的不一致，容易
掉進徒有理論卻沒有真實治療的空談。本書顯然試圖將
心理分析的理論、治療方式及臨床現象三者在「性侵」
的真實(reality)與問題說明清楚，對照目前實務廣用的認
知行為「再犯預防(RP)」「罐頭治療」模式，一個站在

看似理論清楚、治療操作一致、成效具體另一端的治療取向，能將任一說清楚已經很難了，更何況比較？真的相當困難，然作者們非凡之勇氣與努力實屬不易，可謂後生可畏，期待再接再厲。

沈勝昂　教授
中央警察大學犯罪防治系(所)教授
衛生福利部家暴暨性侵害防治推動小組委員會委員
法務部矯正署台中監獄附設培德醫院性侵害犯罪刑後治療評估委員

黃俊棠/

圍 牆 裡 的 光

　　矯正最終的目的是要使收容人成為一個良民，我在每個單位推動過許多的課程及處遇，深深覺得人的改變是需要時間與契機。隨著時代進步，矯正工作被賦予更高期待，希望各類型犯罪者的再犯率降低，但是我們的處遇對象都是在前端的社會資源中無法獲益，或是一再嘗試卻又不斷受到挫折的人，尤其很多特殊收容人如性侵、家暴或毒品犯，往往有很多心理問題，必須透過心理治療專業來形成改變的契機。

　　看見「圍牆裡的精神分析」這本書的出現，心裡很高興，一方面顯示矯正機關在心理治療專業工作上的努力，一方面也讓我好奇地想了解一再犯錯的人，心理師是怎麼改變他們？閱讀此書後，的確對我們矯正心理治療工作的專業感到肯定，心理師對工作的反覆思考像是很用心地體會個案的心情，也很謹慎的評估個案的狀態；而另一方面，對於人的改變也有不同於以往的想像，除了可看見的外顯行為讓我們知道這個人的改變，還有很多是心理上的動機以及相處時的感受，而這些思索與觀

察正是矯正機關裡需要的。當個案處在監禁中，很多的行為是符合環境期待而出現的，因此對個案的了解必須增添這些內在心理世界的推論，才能找到內心癥結而打開心結！

　　本書描述了許多矯正心理治療工作的困難，可以讓外界理解，人的改變不是件簡單的事，尤其是在圍牆內！我常常說：「矯正機關的工作就是要讓犯錯的人對改變有動機，願意開始了解自己，這樣回到社會時，才是改變自己真正的開始」。看到書裡對實務工作不斷的反省思考，面對受刑人帶著多種原因而進入心理治療的狀況，要讓他們真的有動機為自己改變，真是可謂「不可能的任務」！矯正心理治療工作需要很多專業的訓練才能勝任，矯正署會持續的重視收容人的專業處遇，並支持心理治療人員的專業訓練，希望能建立起矯正的心理治療專業，讓犯錯的人能從專業中看見自己、改變自己！希望矯正機關的心理治療工作能夠被肯定，成為照亮圍牆裡的一道光。

黃俊棠 署長
法務部矯正署署長
國立中正大學犯罪防治研究所碩士
中央警察大學45期犯罪防治學系

監所性侵犯治療的困局

【生活】應用精神分析叢書策劃 ｜ 李俊毅 /

《卷頭語》
精神分析與司法，誰比誰眞實？

......the ego is not master in its own house.

(Freud, 1917, SE17, p143)

佛洛伊德這一句經典敘述道出：「自我無法當家作主」的殘酷事實，這結結實實打擊了人們的自戀。精神分析認爲人的心智活動並非決定於自我，而是取決於無意識，然而，這個無意識心智空間卻充斥著各種原始慾望與誘惑，諸如性、暴力等等。

對於佛洛伊德而言，性偏差並非後天形成，而是與生俱來的，眞正的問題不在於人爲何會有性偏差，而在於人們如何讓性特質朝常態發展。精神分析認爲人一旦在性心理發展過程某一環節受到挫折而被迫停滯不前，往後很可能導致嚴重程度不一的成人性偏差行爲，或稱爲性倒錯，而這理應構成許多成人性犯罪者背後的病態機轉。躺椅上的性犯罪者身形因此變得異常模糊曖昧，他們或許在某個階段以受害者倖存著，卻在某個時間點

搖身一變成爲施暴者，如此分裂的人格讓診療室中充滿
驚奇與挑戰。

　　對於司法實務工作者而言，性犯罪行爲的認定必須
與無意識這個概念保持一定的距離，因此精神分析這樣
的思維或許是個災難，然而，過於倚賴歷史事實
（historical　truth）作爲性犯罪者的唯一判定依據，結果往
往讓性犯罪者的身形扁平化與表面化。況且，「假性記
憶症候群」（false memory syndrome）以及許許多多不可考
的陳述事實（narrative truth）其實源自無意識幻想，這讓性
犯罪的歷史事實認定變得更複雜難辨，但卻是精神分析
工作的重要元素。精神分析與司法本質上的差異，讓兩
者之間的合作既矛盾又充滿想像。

　　性犯罪者因爲僭越無形的心牆而犯罪，結果被監禁
在實體的圍牆內；精神分析工作者則在實體的圍牆內，
試圖打開性犯罪者的心牆。瀰漫在密閉圍牆內的各式原
始衝動，必然考驗著扮演涵容者角色的精神分析工作者，
這絕對是個挑戰，艱鉅的挑戰。

蔡榮裕、彭奇章、彭瑋寧/

「精神分析取向」運用於性侵犯團體的
技術地圖

　　性侵犯的處理方式，在台灣已經有不少人嘗試
運用各種模式介入。我們則是試圖從精神分析取向
的經驗，來處理面對這群人的種種問題。如果要說
我們運用的方式和其它認知或教育模式的不同，是
在於我們不是以犯行者，不一定是不知道自己的作
為是犯罪行為，或者是道德感薄弱才會出現犯行；
精神分析取向是假設有潛在的心理因子的影響。這
些因子是複雜且多元的，我們是以如何運用精神分
析取向的被動傾聽方式，讓犯行者有機會能夠自由
地談論自己的生命經驗。不過這當然不是容易的事，
因此我們更傾向透過這些經驗的了解和想像，讓我
們有機會了解這些犯行者的其它心理狀態。雖然我
們了解，如果要處理這些犯行者的再犯課題，需要
社會、政治、經濟和心理等層次的同時處理，不過
作為精神分析取向的工作者，自然是先專注在心理
學，尤其是潛意識心理學的開拓。這離要完全處理

犯行者的所有問題仍有距離，不過，我們是在能做
的範疇裡，盡量細緻地觀察、想像和描繪，以此作
為未來工作的基礎。

　　如何運用精神分析的技藝於監獄裡性侵犯者的團體？
坦白說這是很困難的開始。不能否認它的困難度，不然
只會讓精神分析的運用，變得更加綁手綁腳而無法自由
地發揮。偏偏對於精神分析來說，「自由」是重要的基
石或目標。何況在技術上，最被強調的是個案的「自由
聯想」和治療師的「自由飄浮的注意力」，這些技術的
期待，並非一出發就可以做得到。
　　就算有了技術概念作為分析治療過程的指導，當我
們宣稱想透過精神分析的技藝運用在這群犯案者時，我
們想做的是什麼？我們能做的是什麼？能有什麼功效或
侷限呢？對於這種運用，我們能夠事先掌握多少呢？尤
其這是被社會憎恨的一群人，是政治執政者期待不要亂
出事的一群犯人。試圖以團體的形式在監獄裡接觸這群
人時，我們真的知道自己是在做什麼嗎？能夠承受多少
來自參與者的期待和壓力？以及社會透過政治方式所灌
注進來的期待和壓力？
　　首先面臨的挑戰是「這算是治療嗎？」，是什麼樣
的治療？心理治療嗎？或者算是一種教育，尤其是道德

倫理的教育？目前在這個領域裡的多元處遇（intervention）方式，反映著這個挑戰仍處於無法有定論的時代。因此有各種模式需要了解或者幫忙這些人，或者說是幫忙整個社會減少恐慌的感受。

連帶的另一個問題是「名稱」。這群犯行者在團體裡的稱呼是什麼？個案、病人、犯案者或犯人？不同名稱都有不同的意涵，這個命題包括在政府單位或獄方，以及參與的成員和第一線協助者，都對他們有不同的想像和名稱。不過就像一個人在社會家庭裡有不同名稱來定位自己，我們無意也不可能要有個一致的名稱，我們只是期待在這個參與的過程裡，可以逐漸有個更明確的結果和稱呼，來界定我們自己的工作模式。

經過多年的參與，直到此刻要出版一本書，描繪我們所做所想的，我們仍無法有個定論來界定我們參與時，和精神分析的理想模式之間有多少的落差？以及我們的方式對於當事人和社會有多少實質的貢獻？這些都是需要持續進行，才能有更多的了解。由於種種困難仍存在，需要呈現這些經驗和思索，作為再進一步參與的依據。

因此這些文字談不上是成果，但我們相信是寶貴的訊息，是我們辛勤工作和討論思索後的暫時說法。我們對於這些想法仍保持著開放的態度，因為我們不論使用什麼模式來解釋這群犯行者，仍不足以完整了解他們是什麼樣的人，以及我們所做的到底是什麼？只能在多年

的辛勤後，回頭來書寫一些文字，作爲這條長路和地圖上的某個路標，表示我們曾在這裡駐足和沈思。

接下來將略述，我們在監獄場域裡進行團體工作時的種種思索，以及這種工作模式所蘊含的訊息。這是人爲任意的定義作爲我們出發的基礎，而我們想要依精神分析的架構來定位我們的工作，但不是代表最後的結論。首先，我們先界定在監獄裡施作的團體就叫做「團體治療」，以精神分析取向的經驗和理念作爲我們的地圖，幫助我們看自己和參與者的狀態。

我們也願意先以「這是精神分析取向的團體治療」這麼定位。這是出發的定位和方向，並不是說我們就做到了精神分析取向的期待。這些作爲可以說服大家相信這就是治療嗎？這群犯行者眞的適合我們的治療模式嗎？說是心理治療，是否太沈重？對他們有用嗎？這將是我們在後續文章和團體裡檢視的。在這個工作邏輯上，我們稱呼參加者/犯案者爲個案，但需要聲明的是，這是爲了讓這群人被納進來，可以讓我們運用精神分析的角度來思索。不是要宣稱性侵行爲就是一種病，而使用疾病的角度來看待。這是一個複雜待深入的課題，但爲了讓我們所做的有個一致態度，我們就直接在文中以個案稱呼他們。

設置了前述的概念平台後，就直接進到如何佈局我們的治療模式。這稍微涉及精神分析從古典模式至今，

運用於心理治療成為有名稱的「精神分析取向心理治療」（簡稱「分析治療」以有別於精神分析）。就歷史發展的角度來說，佛洛伊德在當年盛行的催眠術之外，再開創精神分析的談話式治療模式後，至今大部分的文獻是人類精神文明的一部分。

精神分析文獻所記錄和描繪的是，某種程度理想化的工作模式下的經驗，描述這些理想模式裡的諸多變數，例如每週多次的分析、規律性和更長久時間的分析，以及相關的費用等，每項條件都是門檻。不過就在這些門檻下仍能持續著，讓精神分析師有機會從臨床實作經驗裡，萃取更深細的想像和猜測。由於有長時間在同一個案上重複觀察和比對，使得這些經驗的描繪，讓人的心智或心靈領域，有了更細緻的地圖和風土人情。

但是在這些理想條件下，所建構出來的經驗的描繪，要運用至其它不是完全符合這些理想條件的個案時，就面臨了是否要介入這些個案群的疑問了。佛洛伊德的態度是，精神官能症讓個案所承受的苦，以及對於人類生活品質的影響，不下於肺結核的影響，因此他的態度是可以介入。但是在現實上，不可能依照已有的運作模式和條件，因此在治療架構上需要有所調整。另外，在技術上，無法只管分析詮釋，不必替他們整理綜合。

佛洛伊德為了擴展精神分析的運用，對於治療架構的調整，他開出的處方是「分析的金和暗示的銅」模式。

但他在意的是，要引用暗示或建議時，仍最好以分析為基礎，而不是就如早年的催眠術那般的作法，畢竟他走過精神分析的多年經驗，知道給暗示並不如預期的那般有用和快速。快速的給出暗示和建議，個案卻是以他們自己的方式來容納或排斥這些暗示和建議，這是實作時常見的臨床事實。因此他再三叮嚀，就算要再納進催眠式的暗示，最好是有精神分析作為基礎。

由於佛洛伊德並未詳細說明基礎是什麼，可能他只是以創始人的態度，提示精神分析是可以運用至心理治療，而他在這方面的經驗仍有限，因此只開出方向。這讓後續者有了更多想像和嘗試的空間。關於這種運用時值得思索的地方，蔡榮裕醫師在《不是拿走油燈就沒事了：精神分析取向心理治療技術（進階篇）》（無境文化，2018）裡有更多的描繪。但是當我們要運用精神分析和分析治療的經驗於團體治療時，又需要更進一階的技術了。

每一層次的延伸運用，意味著離原本的理想模式和條件有更大的距離，再加上團體是在參與者的自主權更小的監獄情境裡，我們覺得有必要呈現這些外在條件和精神分析知識生產來源之間的落差。強調這種落差是提醒讀者，也有自我提醒：這種落差所帶來的課題和現象，是值得思索和觀察的地方，並且無法強行運用精神分析的概念。

　　我們假設當初和佛洛伊德的主張有爭議的人，例如使用主動技術的費倫齊（Ferenczi），因為和個案太親密而過於驚悚，讓後來的治療師怯步，但是有些治療師卻可能早就以這樣的技術，在經驗著不同的個案群了。我們的立場是清楚的，採取謹慎卻大膽地的態度，運用在監獄裡，處遇性侵犯的團體，並且以這是團體心理治療作為自我定位。我們有必要說明，所謂謹慎是指，從精神分析的古典分析出發，運用至個別個案的分析治療，再運用至團體治療時，不同層次的運用時所衍生的問題，都是相關知識學問的累積。

　　如何避免過於粗魯的分析？我們認為這是重點。因為它可能帶來的是，個案產生更大阻抗和破壞力。這也涉及「歷史事實」和「心理真實」的處理。例如，是否要先承認犯案才有後續的進展呢？是承認什麼？性侵過程是如此單純的一個事實嗎？或者它是集結了諸多條件下的侵犯？是否需要從「心理真實」的角度來開展了解？也就是，有多少機會可以從各種角度，包括生物基因和心理及社會的總合，來看性侵舉動的發生。

　　但是不可能馬上有辦法，能夠在某種治療模式裡宣稱包含所有因子。從精神分析的角度來說，是如何讓性侵事件的發生裡，可能涉及的心理真實有機會呈現出來？這種心理真實如果涉及的是，從小到大的生活經驗的展現，那麼精神分析的假設是，這些心理真實並不是以意

識的記憶方式記得，而是分散在不被自覺的種種行動裡總合構成的記憶。佛洛伊德認為這些行動才是真正的記憶。

從這些假設出發，就團體治療的技術來說，引進個別分析治療裡的概念，仍需要先回到精神分析的基礎技術。例如，從精神分析初發展時，被形塑出來的技術觀、個案自由聯想以及治療師自由飄浮注意力，這些技術的運用是有它的難處，但仍需要以此作為參考準則。

雖然外在制度、法律及規章，都是構成難以自由的緣由，不過我們先假設這是我們的技術指導，這是一種目標，而不是治療者和個案馬上能做到，或以為如果還做不到就是一事無成，這是過度嚴厲的期待了。我們先鋪陳這種團體心理治療，也是以自由表達，自由說出想法為目標。當我們如此設定目標時，就會呈現和其它取向有所不同的地方。例如，是否要深究某項問題的行為？尤其是初步被當作和性侵有關的行為。這種深究是帶來自由的表達，或者只是停滯在表面的記憶裡呢？也許都有可能。不過如果先設定，我們的技術是以更自由為目標，那麼，治療過程的細節自然會有所不同。

在這種假設裡，還可以進一步推想的是，如果從心理學假設，性侵行為的出現是多重因子的累積，而這些因子源自於早年至今的生活經驗。偏偏這種團體心理治療存在的目的之一，是為了避免未來再犯的可能性，但

如何在未來式的假設裡，於目前的團體治療能夠預演並使之不再出現呢？精神分析的立論不是對於未來事件先紙上談兵做演習訓練，而是假設如果這項行為裡有心理因子，那麼這些因子是不自覺且是散居各處的心理因子，並不是一個完整且容易被看清楚的問題或被簡化成一個情結而已。

就算是有一個情結，也無法忽略其中所隱含的是許多枝枝節節的細項，甚至這些細項出現時，無法一下子就被辨識出來是某種情結的一部分。目前在論述時，尤其是一般大眾常誤解為，這些情結是明顯易見，進而假設容易處理。不過就臨床實作來說是相反的，某些明顯易見的重複問題，常是更難以處理的課題。因為易見到的緣由是，那些問題的出現是散見各處且出現的機會很高，由潛意識的角度來假設，這種現象可能是生命更早期的受創經驗所帶來的結果。

但是生命愈早期出現的創傷，就意味著它有更多的時間，受人生後來其它因子的相互影響，使得問題的解決更難分難解。不過，我們無意因此就推論是不可解，而是試著開展被解決的機會和可能性。從精神分析取向的經驗來說，生命早年至今隱形卻實然存在的因子，我們卻無法向過去式宣戰，那麼怎麼辦呢？

精神分析的臨床實作經驗是，無法對多年前並不出現在眼前的敵人宣戰。不過，有趣的是從佛洛伊德時代，

就發現早年的創傷記憶雖然不在意識的記憶裡，卻會以不自覺的行動作為記憶方式，這些行動會出現在診療室裡，針對治療師而出現一些想像和態度，被叫做「移情」。這種觀察和說明，在其它領域也許早就有人提出來過，不過，是精神分析讓這個觀察被當作是分析治療過程的重要現象，而且重複觀察和描繪它們。

　　這些經驗的累積讓我們更相信，早年的創傷記憶會透過行動和情感的投射，而直接鋪陳為診療室的臨床事實（clinical facts），例如以移情的方式，使行為變成可以被治療師感受和觀察的參考。可以這麼比喻：這些投射讓造成問題的敵人，不再是古早時候遠方的敵人，而是近在眼前了。也就是，個案將問題帶進團體裡，變成可以具體處理的現象，但還是無法宣稱處理眼前發生的事，就能保證當事者在未來不會重複。另外，在這些綱要式的、從個別分析治療裡引進來的概念，仍需要在團體心理治療裡，觀察它的種種效應是否需要再修正？

　　再進一步說明前述的技術論點。在自由聯想和自由飄浮注意力的技術指導下，如果愈刻意針對某個話題深入探索，就意味著不是那麼自由的想像，相對地不會呈現其它可能有關的材料。因此是否愈拉開話題，不是只以性侵犯案為焦點，反而有更自由更寬廣的結果？也就是，不是一開始就針對特定問題孤軍深入，否則這樣子反而無法全面了解當事者的問題。

　　如前所提的假設，性侵行為可能是眾多因子的聚合，也許有不少因子並不必然直接和性侵的舉動相關。如果只將焦點放在意識上直接相關的材料，是否可能錯失了眾多可能有關的生活經驗？因此如果放寬會談的內容時，工作場域就愈大，以前的經驗就愈會自由地呈現在移情裡。當古老的經驗出現在目前的移情裡，治療者就不再只是處理過去式的對手了，以及，是否這些作法會讓我們更有機會，跟他們的未來遭遇產生關聯？

　　預設性侵再犯的課題，也就是他們出獄後的再犯，不只是跟欲望有關，這也和以前的問題以及未來的情況有連動的影響。我們聽到不少人的論述，他們的性侵舉動裡有控制對方的心理，先不論這種說法有多少必然，但有不少因子可能散在不同的行動和感受裡，在這些假設下，精神分析重視此時此地，過程是更著重對移情的觀察，以及技術上是以移情的詮釋為主。

　　但是這種過程不是如一般以為的，為了證明個案是否有伊底帕斯情結或其它情結。早年的創傷經驗會行動化成為移情（請參閱蔡榮裕著《精神分析能動創傷幾根寒毛？》）（無境文化，2017），有機會在診療室裡被現場檢視和處理，這才是實戰而不再只是概念上的演習。但是在團體治療裡，個案在入獄前的性侵行為，在象徵比喻上，並非就是在此刻有這些實質行為，而是假設很多微細的行為，累積成最後的性侵攻擊行動。但是這些

微細的行為是什麼呢？這需要在團體治療的過程仔細觀察和想像。

　　前面所描繪的假設，「自由」是一個概念的平台，是爲了在監所實作團體心理治療所建構出來的假想地圖。但實情是怎麼樣？有多少因素會影響自由呢？例如，監所制度和其它現實因子的存在及所帶來的影響，都是無法視而不見的外在現實。但是我們也不認爲，外在現實所帶來的限制和不自由，就是前述的模式無法在監所實作團體心理治療的緣由。畢竟要假設有一個很自由的情境才能施作，是過於理想化的想法。

　　要點在於，治療者心中有多少自由的經驗才是更重要的影響。當治療師愈少自由的經驗，就會更不自覺地認同外在環境的不自由，讓外在環境的不自由，就眞的變成難以再走下去的結局。這是治療師需要訓練的重要因素，也就是愈不自覺地處於不自由狀態時，就會不自覺地認同攻擊者而沈陷在困境裡。

　　至於「分析的金與建議的銅」，我們想像各種外在現實的因素，如同是「暗示的銅」的材料，但是我們嘗試有「分析的金」作爲基礎，也許就比較不會將外在現實只當作妨礙的因素，而是再仔細觀察外在現實環境帶來的困局，是否也被賦予某些內在心理眞實。這樣的工作方式，才有機會讓一些外顯問題，變成心理學的處理模式，而不是只在外在現實的處理。雖然對於性侵者的

處遇，我們並不認為只以心理學的處理，就足以解決相關的問題，尤其是再犯的課題。

另外，治療師和治療成效評估委員的角色差別，在這裡只先從技術上來論說。當治療師愈能以飄浮的注意力，作為治療技術的主要態度時，就會和評估者有不同的角色區分。評估者有責任需要思考犯案者被假釋後是否會再犯，這是從犯案者的現況要推論未來的任務，的確是不容易的工作。我們是主張治療師和評估委員，在這個困難工作裡承擔著不同的任務。

結語

先架構出我們在這樣的團體裡運作的背後想法，提供這些理論和概念，並非就是只要犯行者知道這些理論概念就可以因此獲益。實情不可能如此簡單，因此我們提出這些運作的方式，讓讀者了解我們是在這些架構上工作。但是對於精神分析來說，若脫離知識產生的來源——診療室，任何的運用都是無法直接套用在其它場域。一如仍無法有一套想法和策略，就可以完全處理這群犯行者，因此我們的運用是在謹慎的概念和經驗作為基礎，在這些理論基礎上，進一步和這些犯行者工作，再累積更多的經驗，讓我們能夠有更多的語言，來描繪這些犯行者

的心理世界，這些都只是開始，而不是結局。值得
強調的是，當我們試圖在外顯的犯行裡，尋找和想
像潛在的心理學因子時，並不是要以行為有潛意識
的心理因子，就可以免除相關社會法律責任；這是
不相衝突且需要並行處理的事。

彭瑋寧/

性侵害強制治療
相關法規沿革及其形成之特殊治療場域

　　刑法規定性侵加害人需接受強制診療規範，讓心理治療與矯正工作開始有了合作機會。當然，法律的制定有其社會背景或特殊事件的催化，而我們認為性侵害犯罪行為有其心理的動力，是表示更願意去思考犯罪行為的複雜。我們認為性侵加害人需要心理治療，反映了社會對心理治療的期待，而實際實施強制診療後，一連串制度的變革也反映了在心理治療與矯正實務面的結合並不容易。對人心的工作涵蓋人的過去與現在的時間，涉及外在與內在的環境，其中的感受、想法與價值觀交錯展現出行為，然後我們被期待能以現在預測未來。如此精細複雜的工作還需要更多客觀實務操作上的經驗累積，一步步面對真實的困難。

　　1994年刑法納入強制診療之規範，開始了性罪犯應

該被治療的觀念。在此以前，在法制上將性侵害犯罪當作是一般的犯罪行為，法制對於性侵加害人的處遇方式，與對其他犯罪類型加害人的處遇方式並無不同。

　　法律的修訂與時代的背景有關，當時立法院正在審議法務部送來之放寬假釋要件的刑法修正案，目的在解決當時監獄人滿為患的問題。在法律審查將近完成時，卻發生大學女生應徵家教遭到姦殺的事件。此一事件立刻引起社會震驚與立法者的注意。女學生就讀大學之學生聯合受害人家屬，於立法院會期的最後一天前往立法院陳情抗議，喊出「惡魔出獄婦女遭殃」、「強姦累犯不得假釋」以及「強制治療病態罪犯」等口號與訴求。因此由立委提出臨時提案，要求強暴犯必須先施以強制性的專業診療方能假釋。

　　1996年11月30日，婦運工作者、民進黨婦女發展部主任彭婉如，疑遭計程車司機性侵並砍殺三十五刀身亡。轟動一時的彭婉如命案，也是促成政府正視性侵害，以及婦女在公共空間安全的開始，並催生了性侵害犯罪防治法1與刑法妨害性自主罪章的修正。

1.性侵害犯罪防治法的立法目的主要有兩部分：
　（一）性侵害犯罪的防治。就防治機制而言，內政部應成立性侵害防治委員會，各縣市政府則應設立性侵害防治中心，推廣性侵害防治教育，並提供被害人緊急救援、心理治療及法律扶助。而各級中小學每學年至少應實施四小時以上之性侵害防治教育課程。
　（二）性侵害受害人權益之保障。被害人權益保障部分，明定醫師不得拒診或拒絕開立驗傷單，媒體不得報導足以識別被害人身分的資訊；法院於審理性侵害案件時，受害人得由親屬或社工人員陪同到庭陳述，而被告或其辯護人也不得詰問受害人的性史。此外，身心障礙被害人或十六歲以下的性侵害受害人，也可以在法庭外，或以雙向電視系統來進行審理。

關於修正刑法妨害性自主罪章部分，早在1980年代末期，婦女團體即開始研擬刑法修正事宜，力主強姦罪應從告訴乃論之罪改為非告訴乃論之罪，以免受害婦女不敢挺身控告加害人。在社會案件催化下，性侵害犯罪防治法改為非告訴乃論於1997年1月公佈、1999年4月立法院通過。

綜觀1994年至1999年我國對性侵害防治之立法，有別於其他人犯之處遇型態，建立起相當特殊之「刑前鑑定治療」、「獄中治療輔導」及「刑後社區治療輔導」制度，說明如下：

1994年1月28日修正刑法修正案第77條增訂第3項規定：「犯妨害風化罪罪章者非經強制診療，不得假釋。」

也就是要求性侵犯非經強制診療不得假釋，建立獄中強制診療的法源，開啟國內性侵犯必須接受治療的大門。本規定是國內首度將性侵害犯罪認有心理問題所以必須治療，並將性侵害犯罪視為一種特殊的犯罪類型。

從把性侵害犯罪當成是一般犯罪行為，到性侵加害人須接受診療的觀念，這其中的轉變，涵蓋的思維包括：一、性侵加害人可能是有心理疾病的。有的加害人的性侵害行為是種病態的行為，例如在精神疾病診斷手冊上所列戀童癖與露陰癖，也就是實務上對年紀特別小的孩

童性侵或猥褻，以及一般口語說的暴露狂。另一方面也認為性侵加害人在過去經驗中可能有些有創傷經驗，不論是被性侵、家暴或其他心理問題而影響了性侵害犯罪。二、心理治療可以協助避免再犯。延續著這群人可能有著心理疾病的觀念，給予心理治療以協助這群人疾病好轉。

　　由於觀念的改變，性侵加害人必須接受強制治療，開始引入大量的醫療資源。

　　性侵加害人的治療於實務界，對於專業人士為一全新的工作方式，以往的心理治療進行方式，大多為病人有需求而主動求醫，且主要以精神症狀的處理為主，但性侵加害人的治療的場域為監禁空間，治療為強制性質，處理的重點也不只在精神症狀或個案主觀受到困擾的行為。

　　對性侵加害人的心理治療工作剛開始運作時，治療方式會參考治療師的意見，並定期在治療會議中由治療師報告治療狀況，讓委員評估加害人通過與否。

　　雖然對於這些性侵加害人，是否真的能夠由心理治療來協助處理，可能仍有疑問，但是在法律的主導下，讓這項工作變成了某種必要的強制手段，而有多少資源的投注自然也會影響到，有多少治療者進入這個場域裡工作。

　　對性侵加害人來說，進行治療可能同時感受到，被幫助以及被懲罰。治療師工作的方式不同於監獄裡的管

教人員，加害人在監獄中時時要遵守團體生活的紀律，若發生危及戒護安全的行為就會受處罰。心理治療重視與個案建立關係，與加害人說話的態度可能較溫和，關注的焦點除了行為，還有心情和想法，加害人通常會覺得，這樣的關係在監獄生活中是比較放鬆的，但面臨評估通不通過的情境時，治療可能就伴隨著被監視的感覺，形成了不但行為被監控、心理也被監控的情形。

這也是有些心理治療者會質疑這些治療的緣由，主張如果當事人缺乏自主的意願尋找協助，那麼心理治療是可能變成另一種控制的工具。但是偏偏這項治療得以施行的立法目的，的確有部分功能是期待可以降低再犯，這是具有社會安全或社會控制的目的。因此，自然無法忽視這種強制因子，對於當事人和療程的種種影響。

因此當我們在談論監獄裡性侵加害人的處遇時，是有必要將這種強制所帶來的影響納進考量和觀察，而不是假設只要治療者不是這麼想就好了。

以筆者的經驗，在剛開始性侵加害人的心理治療時，確實面臨很多茫然，例如強制的治療該怎麼進行又該如何評估？當然也有些擔心，例如性侵加害人在治療中，是否會出現失控的暴力場景？初接觸此項工作，筆者與個案像是都處在試探的狀況，也因為在校的心理治療工作學習，操作上大致都是與個案一起思考改變與規劃未來，筆者抱持著這份想像與性侵加害人工作時，剛開始

還算順利，個案大多很配合著討論並願意學習幫助自己，也在這樣配合並努力的狀況下通過治療。但有幾個現象卻開啟了疑惑：

一、加害人互通有無，交流關於如何通過的訊息。例如要怎樣配合上課才會通過，甚至彼此交流哪個老師重視的是什麼之類的，大致就是希望從這些訊息中能找出讓自己評估通過的方式。筆者疑惑的是，當時評估通過的重點大致著重，評估加害人能否在預防再犯的架構下思考自己犯案行為，但比較少考量加害人為何願意選擇以此架構去看待自己的犯案。

實際上，加害人之間努力交流訊息，以了解怎麼做比較容易被評估通過，其實在通過評估為假釋的條件的狀況下，這是合理的積極求生，這些該如何通過或為何不通過的想像，是否也應該是治療的重點呢？或者這些必然會發生的事情裡，隱含著其它的心理機制和潛在動機，而這些假設就需要引介其它的觀點，以及假設他們犯案的心理狀態，和這些潛在動機是否有什麼關聯？

當加害人想要一件事情發生，會用什麼心態什麼方式去取得？外界又會如何看待？如果想要改變犯案心態但也想要快點假釋，此時該如何取捨？這如何取得以及取捨，是否也和加害人會發生性侵害行為有關聯呢？

二、目前在所有受刑人中，只有性侵加害人受到需要治療通過才得以假釋的限制。治療中，加害人常抱怨

處境可憐、被看不起以及不公平，或是將很多挫折歸咎於性侵犯的身分，這些雖然不是目前加害人治療的重點，但汙名化的問題可能會是加害人接下來人生的困難。

　　三、因為考量各個成員的假釋時間不同，治療師及成員自然而然會排好團體發言的順序，讓假釋快到的成員先談自己的成長及犯案原因等等，容易忽略治療關係與當刻團體動力的探索討論。

　　四、治療師對於成員不通過時該怎麼討論？要不要討論？筆者看過有治療師很努力要與成員繼續治療工作，但成員對治療師開始有很多憤怒而且不相信治療師，甚至要求換治療師。這是受到成員對治療的期待和想像，與事實有落差而產生的情緒，治療過程中若忽略了理解成員此部分其內在心理是如何想像，治療師很容易在現實中成為成員神化或指責的對象。

　　以上這些現象和心理治療，與在社會上發展的過程是有所不同的。一般來說，個別診療室裡，個案有主動的動機，期待心理治療，這是心理治療知識的基礎。不過當這些知識要使用在學校諮商室或者醫院機構時，就需要考慮運用的過程，和在個別診療室裡所獲得的知識之間的差別及需要注意的部分是什麼？

　　現在又再進一步針對被強迫參加心理治療的犯罪受刑人，這離心理治療的基本知識的落差更大，要談論如何引用知識時就需要更多的保留。只是我們不想以過於理想化的說法，來限制對這些與原先心理治療工作對象

不同領域群體的觀察和處置，我們試著從現有經驗中再
來看看，會有什麼值得再仔細探究的方向。

1999年4月21日修正刑法，開辦刑前強制治療業務：
　一、將妨害性自主罪改為非告訴乃論之罪。
　二、改變舊刑法對妨害性自主罪（強姦罪）之構成要件的認
定，將「妨害風化罪」章改為「妨害性自主罪」章，而且幾乎將
該罪章所有條文全面修改，也調整量刑輕重。
　三、在刑法總則中加入「性交」定義之規定（刑法第10條第
5項）。
　四、有關性侵犯強制診療的部分，取消了舊刑法第77條第3款
規定，改為刑法第91條之1，其第1項有如下規定：「如犯相關之
罪者（即相關性犯罪），於裁判前應經鑑定有無施以治療之必
要；有施以治療之必要者，得令入相當場所，施以治療。」

　　也就是性侵犯於判決前應經診斷有無強制治療的需
要，有需要治療則應於刑之執行前命其強制治療至治癒
為止，期間最長不得逾三年。
　　在鑑定有無治療需要的時機可能會是在判決之前，
也就是性侵加害人在鑑定時若否認案情，則鑑定的重點
到底是在判斷個案有無說謊，還是判斷個案的犯案行為
需不需要治療？再者，個案的犯案行為需不需要治療，
究竟是以個案的犯案行為與精神症狀有無關聯，或是個
案的犯案行為有無改變的可能來判斷？刑前治療鑑定所

遇到的種種複雜問題尚未能解決，司法界又開始出現將刑前治療修法為刑後治療的思維。

　　回想當初的立法是有些奇特，也許這是反映著當初的立法者，對於心理治療的想像，或者也包括心理治療者對於做這件事的想像，也多少反應著在大家對於性侵加害人的了解有限下，卻又假設有特定的方法可以來治療他們了。這是一種矛盾，不過這也反映著時代變遷對於法律裡的人權觀點，以及如何處理這些令社會焦慮不安的犯案者的方式裡，所隱含的社會心理學的痕跡。

　　在實務中，刑前身分的個案，由於後來修法為也需要刑中治療，因此，刑前的身分並非受刑人，無法累積與教化管理和假釋相關的分數（此分數會影響可以接見的次數或對象等等），因此刑前的個案通常是想快點通過刑前治療以進入刑中治療。治療師進行刑前治療的評估時，不只考慮成員的治療進步情形，還需考慮刑前治療通過後，到接續刑中治療的間隔時間因刑期長短而有不同。

　　在犯案者不是很強的治療動機下，治療者又需要主動幫他們設想上述情況，背後反映的是，希望能夠幫助他們有機會假釋而提早返回社會，這種工作動機是治療者處遇這群犯案者的動力。不過回想起來，相對於性侵加害人來說，有時治療者反而變成制度面的受害者，也就是在難解難處理的情況下，要摸索出路，如果犯案者再犯，會馬上讓治療者成為社會批評的對象。實際上，

一切都還在開展中，我們對於這群犯案者的心理狀態的了解仍還在摸索，但卻被要求提早發揮被想像被附加的治療功能。

2006年7月1日修改刑前強制治療為刑後強制治療[2]，性侵加害人於接受獄中治療或社區身心治療或輔導教育後，經鑑定、評估，認有再犯之危險者，得聲請法院裁定強制治療。

　　一、在刑前治療的鑑定中，鑑定人質疑行為人是否犯罪不明下，無以憑據即執行鑑定之質疑，抑或有判決與鑑定意見相左之情形發生，且多數學者及精神醫學專家咸認為在出獄前一年至二年之治療對於性侵犯是最具成效（吳素霞、林明傑，2001）。且將強制治療提前在刑之執行前，而非即將假釋前為之，則可能導致治療效果的大打折扣。（周煌智、陳筱萍、張永源、郭壽宏，2000）

　　二、修法主要理由為：其一，將性侵犯接受強制治療的時機從刑前變更到刑後，因性侵犯有無繼續接受強

2.刑後治療為加害人服刑至其刑期屆滿前，或於社區治療進行屆滿三年前，治療評估小組或輔導評估小組進行鑑定評估，如評估結果有再犯之危險者，在監獄則需將評估資料報請最後裁判之法院檢察署檢察官向法院聲請裁定令入相當處所施以強制治療，在社區則由性侵害犯罪加害人戶籍地之性侵害防治中心得檢具相關評估報告報請該管檢察官聲請強制治療。（林婉婷，2014）

制治療之必要，係根據監獄或社區之治療結果³而定，將可避免原規定的鑑定因欠缺確定之犯罪事實或為無效之刑前強制治療。其二，性侵犯的強制治療是應以強制治療目的是否達到而定，故期限以「再犯危險顯著降低為止」為妥。惟應每年鑑定、評估，以避免流於長期監禁，影響性侵犯權益。（立法院，2011）

修法後的轉變在於取消刑前鑑定與刑前治療，改以刑中治療的成效來判斷是否需要刑後強制治療。

這幾年漸漸形成的狀況是，對加害人的治療大致會有三個結果：一、通過，待出獄後接續社區治療，二、治療到期滿仍不通過，出獄後接續社區治療，三、治療到期滿仍不通過，且經評估有高度再犯風險者，聲請刑後治療。

目前刑後治療地點為監獄附設的培德醫院，仍是在監獄的大環境下，治療的情境與刑中治療並無太多差異，刑後治療的處遇比較像是延長刑期，讓加害人有更充足的時間進行治療。想像中，刑後治療對於如何評估，應

3.社區治療部分，性侵害犯罪加害人身心治療及輔導教育辦法第八條規定直轄市、縣（市）主管機關應依評估小組作成之再犯危險評估報告及處遇建議，決定加害人身心治療或輔導教育實施期間及內容。實施身心治療或輔導教育之期間不得少於三個月，最長不得逾三年；每月不得少於二小時。而身心治療或輔導教育於實施期間，經評估已無實施必要時，得終止之。直轄市、縣（市）主管機關為決定加害人身心治療或輔導教育實施期間及內容，無須徵詢加害人意見。假釋出獄的加害人會受到觀護人的監控，觀護人可視個案狀況施以密集訪視（談）、驗尿、限制住居、宵禁、測謊、禁止接近特定場所或對象以及輔以科技設備監控，即電子腳鐐等處遇。（林婉婷，2014）

該也面臨到與刑中類似的困境，該修復那些部分或修復到什麼程度？而實際的狀況是有一部分進入刑後治療的加害人，是具有嚴重精神疾病或智能障礙的特殊加害人，這群人在心理治療中的進展本來就不容易、緩慢或可能獲益有限，以至於在實際執行評估的考量，往往在於後端的社區治療能否銜接，甚至有無中途機構可以安置此類的特殊弱勢族群。

例如，智能不足者在沒有足夠訓練或家人支持下，學會如何滿足性需求的情況下多次犯案，在刑中、刑後治療中學習正確性觀念，及正確滿足性需求的一些知識後，仍難以通過評估的原因是父母均過世，手足無法提供支持。目前的社福機構可能處在無足夠專業人力收容此類個案，因此基於避免加害人再犯及保護社會的立場，就繼續讓他留在刑後治療裡，不但有居住處所也能獲得治療的資源。

不過這個結果除了前述的想法外，也值得再思索和觀察的是，如果在這些治療工作的條件下出獄，但是仍有再犯的現象時，是否意味著在目前的處遇裡面臨的問題是「可以獲得通過的人只是反映著他們在現實感上知道在監獄這段時間裡如何做如何說來達到符合出獄的條件」，也就是，這些條件對於能否有效的達成原本預期的防止再犯，仍還有值得再思索的地方。這涉及了在目前處理這個課題上，還需要引進什麼資源一起來為這個課題努力。

2011年11月9日修正性侵害犯罪防治法，自2012年1月1日施行，其中修正第4、7～9、12～14、20、21、23、25條條文，增訂第22-1、23-1條條文，刪除第5條條文。本次修正文當中特於第22-1條規定性侵加害人回溯治療條款，主要指2006年6月30日以前性侵加害人於接受獄中治療或社區身心治療或輔導教育後，經鑑定、評估，認有再犯之危險者，得聲請法院裁定強制治療。

也就是以往被判「刑前治療」者，也適用於治療評估有再犯危險時，可聲請繼續強制治療。

這讓性侵加害人的處遇更一致。只要是性侵害犯罪均須接受治療，並評估危險程度而判斷是否須刑後治療，確立了性侵加害人治療的背景脈絡。

性侵犯都需要治療，且治療後須評估是否通過，若不通過還須評估是否需要刑後治療。個案面臨不但不能假釋，還可能會被評估要刑後治療，很容易陷入擔心被迫害的情境，他們處在一個不得不變好，不然就可能會被關到死的擔心狀態。在擔心可能被送刑後的處境下，個案將治療師視為更有權力操控自己生死的對象，尤其對犯案情節較重，刑期較長的個案而言，更是備感壓力，有時在治療過程中，對治療師的不滿情緒更為明顯。

這對於治療師是項嚴酷的考驗。如何在這些壓力下，

仍得和這些犯案者維持著可以工作的關係，並讓可以有助益的想法和經驗，可能成為有效的運作方式，而也讓犯案者至少有個希望。但是實質上，由於對於再犯課題的了解，仍是持續研究中的課題。因此，如何提供希望就成為難題。

「如何評估？」仍是個需要持續釐清思考的問題。一些相關的研究協助我們形成治療的重點與評估的面向，例如性偏差、反社會傾向、一般心理問題如負面情緒等、社會支持問題、親密關係問題、藥物濫用、病態性格、衝動性及拒絕治療等等，在研究上顯示與再犯相關，但實務上該進步／修復到什麼程度，仍是需要依靠臨床的判斷。

就一般臨床實務來說，要在眾多因子裡，找出哪些因子對某位特定犯案者是更重要的因子，就是一個難題，甚至是否次要的因子就影響力度小些？如果再觀察這些因子之間的相互影響和加乘的作用，是不容易很快就有一個簡單的方程式，可以做出每個因子的影響份量。不過這是一個往前走的課題，就算是有種種困局，但是在社會和政治壓力下，是一個不得不面對和處理的課題。

加害人被評估可能會繼續刑後治療的狀況，讓一些議題在治療中更顯禁忌，例如對通過標準的疑惑。短刑期的成員往往比較不在意治療是否通過，因為即便治療通過獲得假釋機會，由於治療評估以及申請假釋均需一定程序與時間，使得出獄的時間也和期滿出獄差不多。

因此，短刑期的成員對治療方式或評估標準的疑惑，討論起來比較自然，但在刑期較長的成員組成的團體裡，討論此話題常顯得迂迴。

例如，成員常舉出一些已經通過的案例，表示這些通過的加害人並無變好，甚至在其他方面有惡劣行徑的狀況。成員的反應可能包含忌妒的情緒，以及對治療師或治療標準的不認同，而這些面向對加害人而言，可能是他們認為評估標準對自己不利的想像。

也就是在這些情況下，治療團體在監獄中大多處在這種困局裡，而不是一般期待的可以所謂好好工作的場面裡。這對治療者是挫折的來源，雖然乍看起來好像進行的很順利、可以談得還不錯，且讓治療者覺得有進展的團體，也可能只是處在某種錯覺裡！

這是團體共同出現的某種錯覺，假設大家都有話可談，那麼離開可以痊癒的路就會接近一些，這可能是某種錯覺，雖然很難說是錯的。或許大多數成員的心情，都是懷疑評估結果的，只是不同人在面對這種壓力情境時，呈現不同的反應模式。

不過這種難以深談的感覺，可能令治療師挫折，雖然在這項艱難的工作裡，成員的一些很原始的多疑和不安，常更是重要的工作重心，而不是只一心一意期待成員的不安和多疑就不見了，然後才是所謂開始治療的好時機。如果治療師抱著這種心情和態度，就可能讓團體

顯得處處是挫折，畢竟這種期待是要成員們先解決最困難的問題後，然後說接下來我們可以好好治療了，也就是，是否這種期待是顛倒了處理這些困難局面的流程。

特殊治療場域下的治療難題

　　人們對同樣事件不一定有同樣的感受或解釋，如此說來加害人的主觀經驗應該就是工作的重點。如果加害人已經習慣某種看待這個世界的方式，治療過程在這樣的主觀理解方式中會被理解為什麼呢？治療是從認為加害人有問題需要改變開始，但這也是加害人對自己的主觀感受嗎？治療從一開始就有著明確的目標，但不同角度的目標有著差異，例如社會大眾希望加害人改變，加害人希望趕快出獄，治療師可能是希望加害人不要把氣發在自己身上，畢竟治療師在第一線面對加害人，在這樣複雜的情境下，想去探索性侵加害人是什麼樣的樣貌是不容易的。

　　一個行為的產生是多重因素，但在過去諸多研究中，常見的論述是這群人在發展過程中有著現實面的挫折或內在心理的缺損，例如家庭暴力、性侵害或負向的同儕經驗等等，而在實務上聽加害人描述自己的背景時，確實也常見這樣的狀況，而這些過去是怎麼造成影響的呢？為何有的人也有創傷或挫折，但沒有成為性侵加害

人呢？在加害人治療中的樣貌就是這樣嗎？或者，我們
能看到他們真實的面貌嗎？

　　治療者主要是協助個案找到過去的創傷，並學習面
對可能造成犯案的情境。在剛開始接觸對加害人的工作
時，有時候團體像是有著共同目標的團隊，一起努力找
出造成自己犯案的問題，協助治療師在治療會議時提出
通過的可能性。在這樣的治療氣氛中，治療師面對不通
過往往與成員同仇敵愾，將錯怪到治療會議委員身上，
這樣的工作型態也算順利。

　　但在這樣的狀況下，治療師像是在解決治療會議委
員對成員的不信任與疑惑，那種感覺比較像是藉著成員
想要通過的心態，說服他們能夠接受去討論自身的問題，
要成員在不通過繼續坐牢，及有機會通過然後假釋得到
自由中做個選擇，但對於成員和治療者之間的關係，是
否有不信任及疑惑，以及成員為何要討論自身的問題並
沒有探究的空間。

　　表面上，治療關係通常是不錯的。一方面可能是有
治療會議委員的存在，擋了更多的憤怒與不滿；一方面
治療師還是重要的權力象徵，還需透過治療師爭取通過
的機會。雖然看似順利，但成員在此狀況下往往不容易
說出真實的感受。對治療者而言，能觀察到的是成員如
何表達很多犯案的原因，及如何預防再犯的方法，但比
較不容易觸及為何成員想改變的內在脈絡。魚與熊掌難

以兼得，就是在這樣的現實中，治療師想要看到加害的全貌是很困難的。

不知是否可形容爲這是種雙方（治療師及成員）都努力，治療師努力想幫助成員了解自己，或成員努力想復原或想通過，但面對挫折仍然很困難對話的感覺？而雙方對於治療爲什麼開始，又該是什麼樣子都很模糊的狀況下，治療會形成一種空洞的感覺。

幾個常見的情境，呈現這種不好拿捏的治療立場：

——當成員敘述案情與判決書不同時，治療師該針對判決書不同處直接提問，要個案解釋嗎？

——當成員敘述案情時，對自己爲何這樣做有很多解釋，但聽起來像是歸咎於外因、在合理化自己的行爲時，治療師該回應成員他應該改變嗎？

——當成員接受治療師回應並調整對此事的看法時，是治療的目標嗎？

——當治療初期，成員描述過去成長背景，其中明顯有許多創傷事件，例如父母外遇、童年被排擠、小時候曾被性侵，但陳述時態度自然並正向樂觀，認爲說出來就好多了，也不會再受這些影響的時候，治療師該怎麼思考呢？接受成員說法，認爲成員已經渡過創傷？質疑成員過去傷痛是無法如此簡單復原的？指出成員也許希望治療師感受到，他是很想改變過去的痛苦？

這樣難以拿捏的治療情境浮現的難題是，很難忽視

治療的期間及評估的環境對個案的影響，治療師若是完
全的接受或不接受個案的說法，反而像是與個案一起逃
避了某些可能性。

該如何認識加害人或建立治療關係？

　　以上提出的情境，若都是以yes的回答方式進行，可
以比較快得到一些資訊，但失去了探討經驗的機會。這
樣的歷程在一般生活中也常發生，將成員與治療師置換
成學生與老師、孩子與父母、部屬與長官等權力較不對
等的關係就大致可以想像。
　　當成員覺得自己已經改變足夠，或剩餘刑期短已經
沒有機會申請假釋時，有時會呈現人到心不到的狀況；
前者在後續治療不通過後又會有繼續討論的動力，後者
可能是刑期短不在乎關到期滿，或是已經多次不通過對
治療不抱希望甚至是較負面的情緒。不論治療師如何回
應上述情境，讓成員願意繼續說下去，就有理解或與成
員對話的機會。
　　例如，增添關注到成員此刻想法發生的脈絡：
　　──當成員敘述與判決書不同時，治療師探索成員
決定說出不同於判決書的掙扎。
　　──當成員將錯誤都歸咎於外界，治療師探索這樣
理解世界的脈絡，可能與過去經驗有關（在家是個不能

犯錯的小孩？）或在此時現實下的最佳選擇（聽說不要認錯比較好通過？）。

——當成員接受治療師回應並調整對此事的看法時，治療師探索這轉變在此時發生的可能為何？

實務的經驗是，成員對這樣的探索立場出現很多複雜的感受，正反可能都有，例如講這些是否會拖延通過的時間？或是成員內在也似乎有被探索與理解的感覺。

讓成員繼續說下去，有時對治療師而言是要面臨更多的困境，通常在治療第一年沒通過時，在團體裡會遇到繼續說的困難，而第二年治療沒通過時，治療氛圍的營造更加不易。

當治療繼續，有更多難以拿捏的情境，例如：

——當成員覺得自己已經改變足夠，但是卻沒有通過時，治療師該鼓勵成員繼續努力嗎？

——當成員覺得治療師對自己的建議或回應是種批評，治療師該如何解釋？

——當成員質疑治療師的不信任造成不通過的結果，治療師該如何回應？

會面臨到這些難題，治療已經不只是彼此有沒有完成對方的期待的狀況，而是理解對方為何無法完成自己的期待的階段。

在實務經驗中，不同的治療師不管如何回應，都會遇到上述成員的狀態：希望治療師多鼓勵關心、或是認

為治療師在批評他們、或懷疑治療師不相信他們。我想是因為治療師不論怎麼做、怎麼說，可能都抵不過成員在如此心理威脅情境下的求生心態。說求生也許有些誇張，一方面是在被評估的制度下，希望被肯定被認可，一方面對加諸在身上（或是慢慢看見自己）的負面想像，想要掙脫、擺脫或隔離，像是讓自己活得乾淨一些。這都類似某種求生的情境，而在這情境下，我們試圖看見成員更深一層的內在。

　　外在的現實有被評估的壓力，而成員在這樣的現實下也有自己的想像，治療師帶領著成員去理解他們自己的心態是很困難的。但這至關重要，因為關乎以後他們會怎麼看待，或願不願意使用這些討論內容。是將這些討論視為幫助自己通過而已，還是也幫助自己更了解和認識自己？當然這並不容易區分清楚，治療師與成員雙方就在這樣的過程中，從治療是幫助外在現實，到延伸至幫助了自己的內在，或者有的成員是從幾乎沒有內在的感受到比較有內在的經驗。而這一切的好意並不是那麼容易實現，有時外在與內在是衝突的。

　　例如，在還未通過時，成員在治療中雖然感受到正向，但因為都沒有通過，或看到自己認為比較差的其他成員都通過時，或是有時覺得老師在批評自己時，會浮現一種到底該不該或能不能相信老師的感受。或說整個治療歷程都可能出現這樣的懷疑，我這樣說能不能有助

我通過？治療師怎麼看待我說的事情？治療師是來這裡
賺錢而已，怎麼可能眞的關心我？

　　治療師該保證或安撫成員嗎？這又是一個難題，但
這過程對成員似乎是有意義的。在經歷這樣的懷疑過程，
反反覆覆的心態或說法是很常見的，似乎也是改變的一
個歷程，改變不是從A點到B點，或從創傷到復原，有時
像是把A和B都重新理解，然後再創造的過程。

　　有的成員從原本否認，到承認案情又再否認的歷程
也是常見的。常見的是成員對於犯案在不同的治療階段，
會有著不同的說法或說出更多，治療師該怎麼判斷案件
的眞或假，或是怎麼去思考眞假？在這歷程中確實發現，
成員對犯案的解釋或感受是會變化的，也許這就是我們
有機會看見加害人眞實面貌的時候。

　　有時會發現，習慣否認或急於坦承的成員心態是相
似的，像是希望治療師接受某一個答案或某一種樣貌，
像是在宣告我就是這樣，治療師給我一個了斷。若細想
這個現象，是否成員對繼續探討下去的擔心更勝於不通
過呢？改變就是在這種起起伏伏的關係脈絡中，找到一
些空間，一步步接近成員眞實的感受。

　　在現實層面的通過／假釋框架下，治療到底是幫忙
還是幫倒忙？成員要從這樣的情境中找到屬於自己的答
案。當治療師給成員越大的空間，成員能呈現更多，也
許比較接近眞實面貌，若這一階段成員能理解自己爲何

而說，在真的說出或呈現出更深層面貌時，比較有能力停留在關係中去體會內在的黑暗面。

黑暗面之後呢？那些年經歷的創傷呢？

當治療若能進行到這樣的氛圍，成員對治療師的種種情緒能被討論，對治療師從期待、失望、生氣、難過，到探索這些情緒與自身的關聯，成員似乎就比較能進入為自己而說的階段。舉一個經歷多次不通過，且擔心著會不會被送刑後的案例：

——我之前很生氣！所謂的不通過，一支螢光筆劃線就這樣說我不通過，是憑哪一點認為我不能通過，那些委員認識我嗎？連我自己都不知道我會不會再犯，那些根本不認識我的委員憑什麼決定？但我這幾次想到，其實不論是什麼原因我不通過，我可能都不會接受，或是那些不通過的原因有可能是我無法改變的呢？

在對通不通過有過一番掙扎與體悟後，成員繼續能在關係中想下去：

——我想問，若一輛救護車去救人但卻撞到人，那他到底有沒有錯？

——我在團體中對另一成員的生氣態度就是一種強制，我覺得這也影響了其他成員對我的回應較少。

歷經了對體制、對身份、對治療的懷疑焦慮氣憤恐

慌，此時的狀態有些像是在茫茫大海中找到了浮木，稍稍生出了一點能量向內看，但這不代表對治療或體制的被壓迫被評估的焦慮消失，但至少有點空間觸及內在的現實。治療工作在外在與內在現實間交織成思考的空間，當成員往內在覺察思考理解自己的世界，而治療師接下來可能會面臨的是評估的困難，到底什麼樣的覺悟或改變方向及程度才讓人放心？

——能找到的犯案原因，且針對犯案原因有具體的改善計畫。成員探索犯案原因是，自己與妻子關係不佳而對繼女越界犯案。但現在已經離婚，成員對於離婚或婚姻關係不佳，認為是與自己想在關係中拯救對方有關，之後不會再犯類似錯誤。

——能理解團體中的互動關係形成與自身的關聯，及有能力顧慮到別人的感受。成員從覺得治療師都冷落自己，認為其他成員嫉妒自己，到覺察這些感受與自己想通過的過程中焦慮有關，並能克制某些衝動的欲望。

也許以上在理智上的理解，以及在情感上的表達，這兩個層面都很重要。理智層面的思考及情感層面的經驗，在矯治的期待下，都是重要不可忽略的面向，也讓我們必須繼續思考，若我們期待的不只是給予這些成員外控力量讓成員避免再犯，而也期待成員從內而外的對人生行走到此有所體悟與新的覺察，重新理解自己的困難，並面對舊創傷新挫折，能有重新經驗的能力，離開

監獄後是活得像個人，而不是活得像個犯人，才能避免再犯。對照治療中的種種困難，顯現治療的確不易，需要不同層面的人對行為矯正裡的心理治療，或犯案人的改變有更多的關注，畢竟這是充滿理想又艱難的工作。

結語

　　在司法心理治療工作中，心理師除了個案的內心世界，也需注意個案的外在世界，個案對他人的傷害及處於服刑狀態都是外在的現實面。心理治療要針對個案心理真實面的想法感受進行探索，這些探索如何能協助個案更為守法，這類外部現實的需求是一項困難複雜的任務，對治療者及個案都是，需要平衡內在要求和外在法律的衝突，這也是司法心理治療的一項重要目標。

　　在此指出的治療困境想必只是冰山一角，矯正人心的工作是如此不易，如同讓一個人重新成長一次。在這第二次的成長過程，法制規定是現實，期待符合規定改變自己，並獲得處遇者（包括管理者、治療者、委員）的肯定是對成功的渴望。我們這些處遇者有沒有機會讓個案好好長出自我？如果我們對矯正的最終期待是個案能為了自己而改變、能控制欲望保有自己的姿態或是在宿命中仍有選擇能力，

也許我們得從正視這些困境開始。在這些困境下，
期待經驗的累積，能協助建立恰當的治療態度的科
學基礎。

｜ 法規引用

　　法規沿革部分引自林婉婷（亞洲家庭暴力與性侵害期刊，第五卷第二期，2009,P205-222）；陳慈幸（亞洲家庭暴力與性侵害期刊第十卷第二期，2014，159-184頁【實務專題論壇】性侵加害人社區身心治療與輔導教育之執行現況之探究）

　　吳素霞、林明傑（2001）。從性罪犯治療理論探討我國社區性侵害犯罪加害人之身心治療及輔導教育制度，刑事政策與犯罪研究論文集第4集，頁1-23。

　　周煌智（2001）。性侵害犯罪加害人鑑定與刑前治療實務，刑事法雜誌第45卷第3期，頁127-144。

　　周煌智、郭壽宏、陳筱萍、張永源（2000）。性侵加害人的特徵與治療策略，公共衛生第27第1期，頁1-14。

　　黃翠紋（2013）。我國性侵害防治政策推動現況及未來展望，社區發展季刊142期，頁39-50。

　　盧映潔（2005）。性犯罪之分布狀況再犯率研究－以德國及臺灣為說明，國立臺灣大學法學論　叢第34卷第5　，頁1-84。

　　蕭蒼澤（2005）。性侵害立法變遷之研究，國立臺北大學犯罪防治研究所論文。

｜ 假釋制度

　　所謂假釋係指受刑人受徒刑之執行未屆滿出獄刑期，而具備了法定要件，提前許其出獄，如果出獄後表現良好，在其所餘刑期或特定期間內，未經撤銷者，則該尚未執行之剩餘刑期，以已執行完畢論。假釋之要件依刑法第七十七條分析可分為：

（一）實質要件：具有悛悔實據。所謂實據，監獄方面於執行中，應

依「行刑累進處遇條例」等規定分別切實考察，就其作業、操作、實任分數等考評結果等核定，不能憑空認定。

（二）形式要件：

　　1、須受徒刑的宣告與執行。

　　2、須刑之執行逾法定期間：無期徒刑逾二十五年，有期徒刑逾二分之一、累犯逾三分之二。此項期間，是由判決確定在押執行日起算，又依第七十七條第二項之規定，無期徒刑裁判前逾一年部分之羈押日數，算入前項已執行之期間內。

（三）程序要件：須由監獄報請法務部，經核可後方得假釋。

　　94年02月02日修正刑法建立重罪三犯及性侵害犯罪受刑人治療無效果者不得假釋之制度：

　　1、曾犯最輕本刑五年以上有期徒刑（如殺人、強盜、海盜、擄人勒贖等罪）的累犯，於假釋期間、受徒刑之執行完畢，或一部之執行而赦免後，五年以內故意再犯最輕本刑為五年以上有期徒刑之罪者（即第三犯）。

　　2、性侵害犯罪受刑人於執行有期徒刑期間接受治療後，經評估其再犯危險未顯著降低者。不得假釋。

　　也就是說，重罪三犯者及治療無效果的性侵加害人是不得假釋的。

　　聯晟法網法律資料庫：http://www.rclaw.com.tw/SwTextDetail.asp？Gid=1496，搜尋日期20170616

彭奇章/

實務經驗的開展與分析思維的引入

在講求科學化治療的當代環境，已有許多人投入心力在各式各樣治療取向的療效研究。實情告訴我們，目前對於療效的滿意度仍是不足的。身處在尚不理想的現實中，除了思考心理治療是否有存在於司法矯正體系的必要性之外，或許治療師們也可以將注意力再拉回到各自實務經驗的細節，為自然觀察（科學研究的第一步驟）累積更多資訊，提供後續研究者更多突破性假設的機會。本文將呈現筆者從事治療團體的實際經驗與心理歷程，歸納出幾點較深刻感知的疑問，期待能激發更多思考。

初始經驗的樣貌

筆者最早接觸性侵加害人的處遇工作是在高雄大寮監獄，當初雖有一些心理治療的訓練（尤其是精神分析取向的思索），但對於這份新的任務可說是在全無經驗，

亦毫無想法的情況下開始的。也就是以假設自己是全然
無知的狀態，開始針對這群特殊的群體工作。當時憑藉
的是引介前輩對監所運作的初步說明，以及再犯預防處
遇模式的文獻與計劃資料。由於再犯預防模式的概念，
與在校園學習的認知行為治療概念相近，加上自己在教
學醫院有幾年的認知實務操作經驗，要理解與運用並不
是太困難，於是就沒有太多顧忌而直接嘗試。

　　初期，特別是第一年的運作感覺是順利的，無論是
團體成員的配合度、計劃內容按部就班執行、評估會議
的討論等等。但同時也遭遇到一些困惑，像是成員在團
體中的陳述與判決書描述內容常有落差，常常會讓筆者
困惑，怎樣才叫做恰當的判斷或感受？不至於有太離譜
的誤判？

　　團體成員談論到案情時也常常有不自然的氛圍。有
時感覺成員太過正向，似乎離當初案發前後的情緒太遠；
有時感覺成員太過自貶，似乎是要引起其他人對自己的
大加撻伐。另外，筆者參與治療成效的評估會議時，若
嘗試要在會議中報告呈現出認識到的成員樣貌時，也會
出現自我懷疑，似乎總有些表達不完整或斷裂之感受。

　　上述種種情形都累積成一個個對自己在工作時的懷
疑。這些懷疑隨著工作時間的拉長非但沒有消減，反而
越來越明顯。特別是在第一年過後，有的成員通過治療
評估有機會可以假釋、有的沒通過之後，許多更強烈的

情緒衝擊出現在團體時，會經驗到更高的焦慮與更深刻的自我懷疑。有許多自我懷疑是關於公平性的問題，更多部份的焦慮也與自己如何被評估有關。這部分之後再回頭細談。

在焦慮與懷疑的內在壓迫下，筆者在工作思維與方法上開始做部分的調整，嘗試帶入精神分析式心理治療的態度與技術，希望能有多一些啟發。但這過程並不是平順的轉移，因為其中有許多複雜的動力與自我懷疑。像是精神分析取向的技藝果真可以派得上場嗎？或者自己究竟能夠掌握多少精神分析的經驗？於是經歷了一段態度來回波動的起伏歷程。有時會站在認知概念給予的姿態，有時會變得順應傾聽的狀態，有時則和成員出現爭論衝突的情況。其實就是在這些不同狀態中，頻繁地來來回回、拉拉扯扯。一方面想要嘗試引介潛意識的概念和經驗，來觀察對於這樣的團體，是否可以有不同的視野和經驗的開展，另一方面又覺得是不是有些問題就只在意識的認知概念加以調整，就可能對參與團體的成員有所助益？

某些時刻也會陷入自己內在的憤怒情緒中，像是對自己的工作期待無法達成而挫折。有時則因為心中熟悉的心理治療樣貌似乎得被迫改變而憤怒。光是要調適好自己的狀態，就耗費掉許多時間心力。

在此拉扯調整的歷程中，治療者的身分也會讓自己

懷疑，某些時候偏離原本帶入的處遇架構是否恰當？對
於這份工作而言，也會顧慮如此的狀態是否能帶來助益？
或是帶來困擾？比較可惜的是，當時並未有機會與一起
工作的同儕間形成穩定的支持性討論團體，又適逢為了
專業訓練而必須異動執業縣市，因而離開了高雄，未能
和同儕將當時的經驗討論整理下來。

　　在加入台北監獄的工作團隊之前，其實是猶豫的。
因為原本對這份工作的本質，以及對自己的立場或能力
都帶有許多懷疑，這些懷疑背後都代表著許多未知，並
沒有把握自己能夠為這份工作帶來什麼樣的具體助益，
畢竟還需要更多經驗的累積來幫助思考。在面試過程，
就分享了先前工作經驗中所累積的懷疑與好奇，以及希
望使用精神分析式的工作思維來累積更多經驗的期待。
在工作單位心理同儕的支持下，我又開始了這份工作。

　　幾年下來，不變的是仍持續與先前的疑問和懷疑奮
戰。不同的是現在有了更多經驗累積，以及同儕與督導
之間的深刻討論。因此，就算對於目前所做的工作，仍
有種種的不確定感，畢竟人性太複雜！再加上在監獄的
情境中工作，有時甚至連是否要叫這種工作為「心理治
療」都有疑惑？但是隨著一些工作經驗和思索的累積，
讓自己可以不再只是如以往沈陷在質疑裡，而逐漸帶著
一些肯定感。這種肯定感並不是說我們就一定可以馬上
幫上這些人的忙，或者是讓他們減少再度犯罪的機會，

減少其他人受害的機會。

　　就在這種質疑和肯定裡，來來回回並累積了更多的經驗。也許質疑仍是質疑，但是又感覺不再是以前那種具有毀壞般的質疑，而是漸漸浮現可能會有建設性的質疑。希望這些資訊的整理，能夠激發更多的思維討論。

判決書與眼前的人

　　讓我們進一步來討論這些至今仍屹立不搖的懷疑，首先是判決書與人之間的衝突。每個團體開始運作前，我們都會先收到每位成員與性侵案件有關的判決書內容。這份資料要如何被使用才是恰當的呢？是要在團體開始前就閱讀完畢？還是在團體運作一段時間後若有需要再來看？還是根本就不應該看？如果要看的話，是要看哪個部分呢？為什麼？這些問題至今我仍無法篤定回答，只能分享自己嘗試過的經驗。

　　早期自己的作法是，在團體開始前就先閱讀完所有成員的判決資料，並在團體運作過程中拿出來與成員討論。當時的想法很單純，和成員一起依循架構，來搞懂案發當時的他是怎麼了，一起找出行為的前置因子與維持因子（這是過去受行為治療訓練所養成的一種思考習性，也是再犯預防處遇模式中的一個重點）。在這歷程中，被討論者的反應通常不是很劇烈就是很沉默，他們常常會劇烈地否認案情，有部分否認或是全盤否認。

　　部份否認的情形像是承認有性侵害，但否認有判決書中描寫的其他暴力行為；全盤地否認則是完全認為自己沒有犯案，是被誣告而法官選擇相信對方；還有一種否認比較特殊，就是不否認判決書上的描述真的有發生過，但是自己因為酒醉（俗稱喝到茫）或是毒品副作用（俗稱跳起來）而完全不記得。

　　被討論者有時也會劇烈地批判被害者如何傷害自己，例如，有的會認為被害者是因為情感背叛，或是圖謀錢財等原因才設局陷害自己。自認為自己被仙人跳的例子不勝枚舉。被討論者有時也會劇烈地批判司法體制或治療體制如何壓迫自己；批判司法體制的部份，例如認為自己倒楣遇到女法官才會被重判，他們深信審判過程是有瑕疵。有些人甚至會因此在獄中購買六法全書來研讀（曾有受刑人開玩笑地表示，在監所書展中賣最好的書就是六法全書），或是找有司法背景的受刑人協助寫狀紙，以此狀態抗拒在團體中談論自己可能有犯行的相關議題。

　　批判治療體制的部份多是認定治療本身就是司法懲罰的延伸，認定治療的存在本質是懲罰（增加假釋難度）與羞辱（讓性侵加害者被當成病人），不是真的要幫助受刑人改變。這部份的質疑可能與受刑人對於性侵犯進入監獄後，他們想像會遭遇到的不當對待有關，像是傳聞中，性侵犯會被其他受刑人惡整或霸凌（用牙刷、菜瓜布刷生殖器等等），他們也相信監護體制可能會縱容其

他受刑人對他們施虐。這些被迫害的意念也會轉移到治療這件事上。

治療的目的是要幫助誰

其實團體成員對於治療存在的批判與質疑，反應出與他們工作的核心困境，也是筆者心中的另一個疑問，那就是治療主要是要幫助他們？還是要幫助別人不受他們侵害？這兩個目的真的可以在理想上不衝突嗎？此處指的是治療執行面上的理想。

在心理治療必須面對的真實人性中，對於被治療者的主觀感受與認知是相當難以捉摸的，不是認知上很有道理地說服就可以釋懷的。舉一個監所之外的例子，在我們一般的自費心理治療個案中，即使都是自願性個案，懷疑治療師不是真想幫助自己的例子也是不勝枚舉，這是人性的複雜度。加上身處在監所這個特殊環境，以及具有被治療者與受刑人的雙重身分，成員會認同自己不是被幫助的第一順位，其實一點都不難理解。不難理解，但很難突破。

回歸筆者的真實經驗來論，身為治療者可能也不一定清楚知道自己的位置所在，使得這份協助持續存在一股曖昧不清的氛圍。但是治療者有沒有機會覺察到這份掙扎？筆者相信這部份的曖昧不清與掙扎，應該和團體

成員的否認反應有一定程度的關聯。可能是成員在不相信自己會完全被接納的情況下自然而然的防衛反應。

除了否認與批判之外，另一個相對極端的反應就是沉默地渡過這階段，不回應也不否認。這兩個樣貌看似有極大的差別，但同樣都強烈地給人一種他自己才是真正被害者的氣氛，雖然他們有著不同的受害反應。

過程中的其他團體成員很容易對被討論者批判，十分嚴厲且仔細地檢視被討論者的案情細節，宛如重現一次司法審判歷程。審視這些作法背後的支撐概念，是假設以案情為中心，讓犯案者更了解當時是怎麼回事，並假設犯案者在更了解自己的作為細節後，能將原本不自覺的或者缺乏道德感的部分，能夠有更多反思，並因此加強自己的管控能力。不過在實作的過程遭遇這些強烈的反應，倒是讓我有機會再想想這是怎麼回事？是否需要不同的實作模式或者只是前述的實作過程裡，還可以更細緻了解的內容來修正技術？

投射性認同還是治療者本身的恨意？

另一個常見的情形是，部分團體成員會與被討論者形成同盟，一起憤怒地批判被害者、司法體制或治療體制。治療者身在其中的經驗十分深刻，需要檢視自己在此過程中，有多少成份的反移情像是在懲罰成員，或是被投射成前來替被害者實踐報復的人。其實這是很容易

發生的，早年也有支援治療前的評估資料蒐集工作，要與剛入監不久且尚未進入治療的受刑人詢問資訊，建立初步假設。在此階段的受刑人否認或是不配合的比例很高，防衛的方式也比較粗魯（易怒、無禮地回嘴等等），這部份都很容易誘發出評估人員的負向情緒。

即使進入團體治療，一些比較煽動性或挑釁意味濃厚的成員，也很容易誘發治療者的反移情：常常會經驗到成員確實在目前的體制運作模式中掙扎、受苦，累積憤怒與無助感受。有時團體結束後常常感覺自己會不會像是主導了一次對成員的侵害行動，即使有著再合理不過的理由：「為了讓改變發生，讓成員能順利通過評估，並在未來有能力保護自己也保護別人。」但這些也消弭不了過程中所帶有的殘忍衝擊。

站在治療者的位置，總是想著即使我們確實帶來了現實上的認知理解，讓他們認識了一些主流概念，但那些殘忍衝擊的部分在未來究竟會帶來什麼影響呢？是一段刻骨銘心的勵志重生經驗（像男孩子回憶服兵役期間的種種）？還是某些較為負面的效應（會否有恨意一直被漠視，最終帶著恨意離開）？如同中國早年為了破除封建主義的壓制與窠臼，曾發生過劇烈的土地改革一般，除了成果以外還有慘烈的代價。更何況這還具有另一層的懷疑是，現實認知上的理解成果，對於未來的再犯預防價值究竟有多高？

　　也就是說，當團體成員在此模式中，學會運用認知架構來看待自己的狀況時，會如何牽動著當事人在性驅力與道德力量上的衝突樣貌？或是在這段治療歷程中，對於他人或社會的愛恨衝突又會如何發展？這些疑問目前都還難以被客觀地估量。

　　而上述關於治療者真實感受到的情緒究竟是被治療情境給誘發？還是本身也存有對犯罪者的情緒？這也會影響筆者思考上述關於認知概念給予的價值。就像倚天劍鋒利無比，而怎麼使這把劍就會影響到整體的價值，也決定這是神器或是魔物。這也是筆者認為引入精神分析式的概念能夠有所幫助之處。

　　透過精神分析十分看重移情與反移情的覺察在治療中的角色，以及在意識層面之外，也著重潛意識意義可能的想像，都能幫助筆者在治療者的位置，拓展出更寬廣的思考範圍，也增加與成員溝通的面向，並且能夠幫助治療者判斷在什麼樣的時間點、用什麼樣的方式來給予成員這些認知上的重要概念（或建議），成員才能比較真誠地接受與認同。即使成員不願接受與認同，治療者也可以思考如何等待與理解，不至於發展成較衝突性的僵局。

認錯的想像與意義

　　另一個圍繞心頭的懷疑是關於成員認錯的態度；要

如何經驗與理解成員認錯的言語？

　　由於性侵加害人的強制治療在監所內是很被關注的，加上牽涉到受刑人的假釋問題，所以受刑人之間對於強制治療的樣貌與經驗也會在私底下被頻繁討論，像八卦或傳說一般四處流竄。不只是治療而已，像是電子腳鐐、減刑與否等等的相關消息，也都常出現令人難以理解的傳聞。

　　這些傳聞可說是投射出受刑人內心許多恐懼或欲望之集合，也常因此讓成員在進入團體前就形成某些既定意象；談論案情這件事就是既定意象之一。因為這個原因，有一段時間筆者在運作團體時並不事先看過判決書，專注傾聽受刑人自發陳述的內容。

　　有時成員在急於評估通過的壓力或在團體討論浮現的機緣下，會自發陳述自己的案發經過。經驗中這樣的情況常常有點像是面試的感覺，成員的陳述過程會伴隨著自我檢討，像是「當時我覺得喜歡她，可能有機會認識就一直靠近她、注意她，後來覺得她應該不會喜歡自己就……，我的問題就是因為自卑心作祟而犯了衝動的行為……，未來的我要讓自己提振自信心……不會再犯這樣的錯。」

　　通常這樣的論述一出現在團體中，其他成員大多會沉默以對，有種讓人接續不下去的感受。這種情況所呈現的是治療者和一般人對於人的認錯的想像是什麼？何

況在這些監所內的假釋期待下，什麼才是真正的後悔？這種後悔能構成某種自制力嗎？或更重要的是在衝動高張或者壓力狀況下，仍能因為後悔而生的自制力來節制當刻的欲望？這些讓人難以接下去的話語，是因為像是美麗的花，容易被說出來卻也容易凋零而難以維持？這能讓當事者產生有效的自制力嗎？這是我至今所經驗的現象。

或許這種類似面試應答的狀況，就是在焦慮不安又急迫的氛圍下，不得不產生的防衛或妥協，但也無法引起其他成員的共鳴，即使這在現實認知上好像是有所斬獲的。在這裡若不忽略這份防衛，而進一步想和成員討論這防衛時，一不小心就會被接收成是指責或是拒絕，像是在告訴成員：你準備要重考了！這份挫折一旦形成，會影響團體動力，也會破壞被討論者的期待與信任感。

以目前的經驗來說，只要成員願意嘗試，無論何種方式都可看作是生的本能的展現。如何呵護這份生之本能？並能夠在延續這份本能的過程中，還能漸漸地等待覺察，逐步詮釋出這份防衛樣貌的苦衷與可釋懷之處？

當我開始構想和沈思這些術語是否足夠解釋我所經驗的材料時，意味著我已經想要引介精神分析的概念了。但是精神分析的傳統工作模式真的能夠在這個群體應用嗎？這些引介是否能夠被接受？

精神分析的創始者佛洛伊德曾表示，精神分析如果

要對個案有功用是需要遠離司法。因此精神分析的概念和經驗能夠引介來想像這種團體嗎？起初也是猶豫的，何況還得擔心是否會被誤解爲是要來幫當事者脫罪？或者是否將已有的問題和犯案，就通通推給那是潛意識的結果，他本身在意識上是不想那麼做的？

至於團體經驗中，有時能成功讓成員呈現出較爲自然且成熟的自信，以及對治療者或團體的眞正信任，這通常都不是短時間的事情，所以也會與原初那份急迫感持續反覆地衝突。常常在團體穩定運作一段時間後，某個時間點又會有成員提出何時被評估通過才合理？或是其他不同團體的人被評估通過，時間似乎更快等等的問題，這些都會爲團體帶來衝擊。

有些時機無法複製只能等待

讓成員自發陳述出案情的作法中，治療者有時會經驗到在某些時機點，順勢引導或邀請成員談談案發當時發什了什麼事？這是個容易影響團體信任的轉折點，有時成員在此氛圍願意陳述出原本抗拒陳述的歷程，若後續團體能夠一起承接、涵容，並有一定的消化成果出現時，被討論者會經驗到一種自我境界的提升，像是突破了某些恐懼，成就了一份對歧視的克服經驗。

但這種對於團體進行的期待自然是有它的難題得思考，甚至是否能克服都不見得是容易的事。當成員們知

道他們在團體裡的表現和被假釋有關時，作爲仍有現實感的成員，要眞的不受這種表現和假釋有關的連結是很困難的。這會構成他們說話和表現的動機，但是也會讓他們隱藏自己內心裡最黑暗的世界，而那些世界有可能只在某些時候呈現出來。

　　不過無論如何，早知會有種種侷限，但就在這種現實的侷限裡，引介精神分析的想法來觀察我們正在做的事，也是如同佛洛伊德在案例《朵拉》裡所提及的，在外在現實侷限的地方就是精神分析開始的地方。雖然他也說精神分析是在遠離司法的情況下，才能發揮功能。我們並無意推翻他的經驗，但是也如其他人努力拓廣精神分析的視野，嘗試以有限的經驗來觀察團體，並思索是否眞能對這些成員有幫助？或者至少也讓我們在這些實作的經驗裡，了解侷限究竟是以什麼樣貌來呈現？

　　就算是只是挫折的結果，若能經由這些實作和觀察的過程而了解到侷限在哪裡，並且能將那些侷限說得更有骨有肉也是值得的吧？不過這些想法都需要回到團體的實作經驗來觀察和想像。

　　有時也會出現成員對治療者邀請行爲的懷疑與看輕，進而出現信任感的危機。曾經在某次團體歷程中，有成員在治療師的邀請下自然地接續陳述出案發情形，並與團體完成一次貼近理解的工作。而在之後的某次團體中，再次出現治療師邀請某位成員說說案發情形時，有成員出現輕蔑地笑容，像是在向團體或治療者說：「看吧，

這就是你們的目的,一切都只是想聽案情!」

這樣的轉折出現,團體原本形成的合作態度即會突然瓦解,轉移到較為迫害妄想的氛圍之中。或許「信任」這件事從來就不是認知現實的說法所能代表的,這背後牽涉到的複雜動力,由不得我們急切、由不得我們強求完美。跌跌撞撞的歷程或許比較接近信任的本質?

上述這些經驗自然是可貴的,在這種條件下的工作,要談犯案者對治療者的信任是相當困難的,而我們自許是治療者的身份,更是容易輕忽。不過就算是假的,也不必然是無法工作,只是得替換另一種思考或工作模式著手。就像是換成不同的心理地圖來看相同的現象,也就是說,在所謂假的故事裡,依然會有一些真實流露在其中。

至於這種真實指的是心理真實,而成員所說的假是針對歷史事實。從精神分析取向來說,心理真實才是工作的重點。依精神分析的主要技術而言,是讓個案能夠自由聯想,也就是自由地談論浮現在心中的想法,而不必有對錯好壞的判斷,這當然不是容易的事。要一個長期以各種防衛度日的人自由的表達,絕非易事。何況又加上說什麼或不說什麼會跟假釋有關的想像,存在於成員的心中時,更加重了自由表達的困難。

無可避免的猜疑

　　讓成員自發性陳述案情的作法會遭遇到一些狀況。
其中一個狀況是有的成員乾脆就避談。避談的態度有時
會形成風氣，讓更多人想要仿效，因為成員都很敏感其
他人的反應。在實際遭遇到的經驗中，有的成員會向團
體說明自己的認知，表示在團體中大家都要嘗試說自己
的案情，或是從生長經驗開始談起，但不一定所有人都
會呼應之。有時這類成員也會很敏感，是否有其他人沒
有談論自己案情？或是談論的不清不楚然後就通過治療
評估了？

　　坦白說，要任何人相信說真話是可以獲益的，這是
幾乎是不可能的事。畢竟對於人的受苦來說是很不自覺
地被抑制，而讓人們難以察覺這些受苦。因此當要坦白
自由的說自己的故事時，自然就會遭遇困難，何況還再
加上有假釋的現實利益。

　　若這份猜疑、避談的風氣達到一個強度時，團體通
常會陷入沉默。這種沉默會和成員急於通過評估的焦慮
感連成一氣，形成一個很強烈的團體壓迫。此時就會有
成員跳出來指責其他成員太過沉默。但在目前累積的經
驗中，這樣的壓迫氛圍下通常都有會有些成員跳出來陳
述些什麼，不至於讓團體潰倒於這氛圍之中。

　　這也讓我們認識到，即使在這種不利的環境限制下，
成員求生的本能仍是十分有生命力的，是會想突圍的。
突圍的態度與方式，正是我們得以觀察到的此時此地，

或許更貼近現在成員的眞實樣貌。這個此時此地的樣貌與判決書中的樣貌，如何擺在一起被想像、被推論，會不會才是進行這份工作時的重點？

　　除了避談之外，另一個常見的狀況是，我們會懷疑他們陳述的眞實性或完整性。有時成員的陳述內容與判決書描述的內容會有差異，經驗上會有兩種差異型態。一種差異是所陳述的案發經過不完整或不完全一樣，例如，可能會省略判決書內容中較具暴力攻擊性的環節。另一種差異是案發經過內容完全一致，但在行爲意圖的描述上與法官的詮釋明顯落差。

　　這種懷疑幾乎百分之百會發生，也會讓團體陷入不知如何應對的膠著中。稍爲大剌剌一點的成員（或說是攻擊性較高）往往會跳出來直接質疑，甚至批判被討論者的迂迴或不老實。比較客套的成員（或說是比較注重表面和諧）則會採取比較表淺、溫和的附和，或是不甚眞誠的同理。在這種狀態下，處於治療者的位置，常常會陷入到該如何恰當的質疑，但又不會太傷害探索意願的困境中。

　　經驗上來說，傷害幾乎是不可避免。在這種狀態下，審判的氛圍很容易再現。如果要當事者說出且記得自己犯案當時的狀況，何以不是發展出每位成員都拿著自己的判決書，每次團體治療時就是閱讀自己的犯案過程的描述就好了？這樣子不是就可以保證個案的記憶會是一

致的，甚至是可以像背書那般熟記自己犯案的過程？但是這種記憶有什麼作用呢？是否當事者記住自己的犯行的過程，就能保證他們不會再犯嗎？這是假設意識的力量可以宰制人性裡那些黑暗面的力量，實情是什麼呢？這仍需要在臨床工作裡慢慢觀察有多大的落差？

　　上述這些現實困境，很大一部分是和評估治療通過與否的機制有關。現行體制中，團體成員在經歷一段時間的治療之後，會被另一個評估小組評估是否能夠結束治療。而法律規定性侵害受刑人必須通過評估後才得以申請假釋（假釋還有另外一套獨立的評估系統）。而在評估過程中，治療者常需要面對的一些問題是，關於團體成員對於自己的案情是否理解？有何看法？而這部份幾乎就會直接影響著治療者在團體運作中的反應。此部分在「治療關係中的第三者：評估」篇章中會再接續討論。

結語 ────

　　監所內治療工作常常會經驗到成員展現出來的「假」，除了被想像成是治療沒有成效的指標，或是視爲這群對象難以改變的證明之外，我們是否有機會用更多角度來認識這個「假」？不至於讓局面變成以假亂眞，而是看到裡頭有假戲眞做的元素所

在？而這裡的切入點除了觀察成員與體制，筆者感受到治療者將自身視為一個觀察重點，也應該是個必須嘗試的方向。或許治療者在這個情境位置上也有自己不得不的「假」，我們可以著墨在認識這份「假」背後的「不得不」是什麼？如此可能有機會為當前治療成效不理想的局面找到一個突破點？或是有更真實的同理得以展現？但筆者的本意不是要用高標準來苛責治療者，而是希望有更多人正視到在目前的社會結構氛圍中工作，第一線的治療者們很可能也正在受傷，但治療者們卻可能因為對於自身角色的期許而忽略自己的侷限。希望此篇章藉由第一線工作者的實際經驗呈現，開展後續較為自由的觀察與討論，為科學實證研究建構較堅實的自然觀察，這是第一步。

彭奇章/

衝突與啓迪的相交會

　　人都是怕衝突的，可是經驗告訴我們，害怕不
會讓衝突消失。我們有沒有比較不那麼害怕的方式
來面對衝突？在與監所受刑人的治療工作中，他們
傳達出來的煎熬樣貌，似乎也給予我們一些啓迪。
本文將呈現在監所內治療工作，所遭遇到幾個元素
的衝突樣貌，也分享這些衝突樣貌在被經驗與思考
過後的一些啓發。

一體兩面還是兩體一面

　　接下來想問問自己爲什麼在工作中有懷疑？這就回
到前述所言的判決書與人的衝突。判決書裡頭描寫了一
個人，治療者眼前也有個人在描述自己，這兩個人是不
是同一個人？或是說，如何的拼湊對我們而言才是相對
完整？
　　把判決書與人的衝突進一步延伸的話，其實就很接

近是司法體制與治療體制的衝突。而現在這份工作面臨到的挑戰就是，這兩個具有衝突性的體制要並存、交疊成一套運作系統，勢必有很多取捨與分寸拿捏的困難。這很接近受刑人原本就遭遇的衝突，也就是曾是個犯罪者與想做個自由人之間的衝突，這兩個衝突的角色也被並存、交疊成一種稱之爲更生人的身份。

　　無論是司法體制與治療體制的衝突，或是犯罪者與自由人的衝突，其實外在現實上都有其困難之所在。但也因爲這兩部份的困難如此相近，反而迂迴出一份心理現實上的契機。也就是說，如果身在其中的工作人員能夠好好經驗這份體制上的衝突困境，也許是很有機會在心理現實上，靠近團體成員並讓彼此獲得啓迪。

　　另一個可以讓我們對這份工作保有想像空間的想法，在於是否成員們在動員自己的心力和歷史資源，來處理團體裡的反應時，也是和成員發生犯案時動員早年的資源是有相關聯的？他們聽到和想像某種方式會通過評估，但爲何有人是以要成功，而有人是以不可能通過的挫折來反應？這是一種假設，但是這個假設讓團體裡的觀察，可以和成員犯案時如何動員自己的早年經驗有關聯。而這種方式可以讓治療者以觀察團體過程的細節爲重點（包括陳述的方式、可能的移情），而不再只是聽以前的故事或對未來的宣示。也就是以此時此地來理解彼時彼地。

個別差異與公平困境

接下來將討論先前文章曾提及的，對於公平性的自我懷疑。這部份的討論也與成員十分在意其他人有無講述案情，以及是否會影響評估結果的問題有關。

實際工作時，筆者持續經驗到一種公平的困境，無論在團體的哪個階段，或是在自己工作的哪個時期，這份困境之感從未減弱。由於治療是一件有著明顯個別差異的事情，無論是接受程度、阻抗樣貌、療效定義、歷程所需時間等等。而法律制度卻是講求明確的一致性。

在司法獄政單位運作具有個別差異性的心理治療，治療者與成員（或稱受刑人）心中勢必都會經歷到適應上的混淆歷程，畢竟這涉及到兩個截然不同的基模要共同運作之挑戰。光是稱呼為治療者、醫師或老師？個案、成員或受刑人？就會遭遇到很多並存、混淆、難以清楚界定的氛圍。這些稱謂上的浮動不單單只是個問題，它也帶來一些經驗上的啓發。

我們曾經遭遇過的狀況是，有的成員參加團體治療相當長的時間，也遭遇到幾次評估未通過的挫折衝擊。初期在團體中對自己的稱謂是「穿拖鞋的（監所內的藍白拖）」，從來不稱自己是成員，也不同意別人叫自己香蕉（監所內對性侵犯的嘲諷言語）。在團體中也呈現過許多不同的樣貌，有積極的正向應對態度（陳述大量認知概念上的正確知識與道德觀）、有憤怒的批判體制與治療者、有深刻傾聽團體他人陳述並協助思考與回饋、

也有嘗試談論自己深層的創傷經驗與感受的。到了即使評估通過後，也無法來得及透過假釋提早出監的階段時（也就是一定刑滿出監），開始能夠與治療者討論是否有什麼病理角度可以幫助認識自己，也可能回想早年一些行爲舉止，讓別人都懷疑他有精神疾病的歷史記憶。

這整個歷程我們可以看作是，似乎從一個「犯人」的認同漸漸轉移至「病人」的認同，在這個轉移變動之中也呈現出不同的欲求。有希望被評估通過獲得假釋，也有希望被好好理解處理獲得心理健康。但我們也很難忽略，這轉變是發生在外在現實中已經無法提早出監的情形下。

走到無法因爲假釋提早出監的情況並不少見，不同成員在這階段的反應也不完全一致，這部份可以用人們如何動員早年經驗的角度來觀察。此處我們先回到原本要討論的公平性困境，也就是成員在團體中經驗自己不同的角色浮動時，我們並無法預測他會以什麼樣的速度整合出令人相對放心的樣貌，更何況什麼樣才叫做「令人放心的樣貌」都還是很抽象的概念。但他們渴望自由的焦慮以及私下傳言的比較，都會爲團體帶來是否有被公平對待的壓力。這些特別會在幾個面向展現出來，在此先粗分爲團體間的公平性以及團體內的公平性。

團體間的公平與否

　　即使處遇方案有一定的歷史發展沿革，早些年也有著再犯預防模式的概念骨幹，成爲專業間溝通的語言。隨著治療技術與核心價值的蓬勃發展，不同團體的帶領者會因著各自的自我提升取徑帶來多元的治療取向，不同團體之間就會存在著不同的運作生態。而不同團體中的成員平時散布在不同的舍房與工場內，私下訊息交流後就會出現一個疑問：「爲什麼你們是這樣進行？我們是那樣進行？」緊接著就會隨著曾經發生過的評估結果，衍生出另一個疑問：「是不是誰的團體比較好通過？誰的團體都不會通過？」

　　這些聲音持續存在於各個團體之中，也會因著成員有無通過假釋評估，而伴隨複雜的移情因素發展出許多情緒抱怨、邏輯推理，最終結合成扭曲的訊息傳遞，帶來成員之間的恐慌。這是屬於團體間相互比較的公平性問題。

團體內的公平與否

　　在同一個團體中的成員之間，也經驗過許多關於公平性的問題，首先是話語權的分配。有的成員傾向佔據較多的團體時間談論自己，有的成員傾向沉默迴避。也有的成員總是在他人分享完之後回應，從不主動談論自己。這裡頭除了每個人的溝通特質差異在影響之外，其實也可能與成員心中對於公平與否的複雜想像有關。

　　有的人可能會覺得要快點說完自己認為該說的話，早點被整裡，早點完成被教化，就應該被早點提報評估進而通過之。有的人覺得多說可能會多錯，可能會被治療者或是其他人用病態眼光看待，更加深通過的難度。

　　於是在團體經驗中，無論是看誰話先說得多、競爭話語權與詮釋權、抗拒發言或抗拒回應特定問題等等，都出現過受刑人質疑能否被公平看待或對待的聲音。這些心路歷程若未被覺察，也經驗過會發展為成員彼此的發言對談變成在相互扯後腿，或是對他人的發言回應出極度正向卻無真實情感存在的樣貌，只為了讓人覺得自己已經變好，沒有錯誤心態。在這階段，治療者也常會經驗到，自己若特別對哪位成員多追問一些問題，其他成員就會敏感地認為，該位成員可能就是下一位評估通過者，於是也出現更複雜的後續互動樣貌。這是屬於團體內比較公平性的狀況。

　　上述經驗涉及了成員和治療者對於在團體進行的過程裡，如果要以精神分析取向的思考作為參考點時，大家會如何想像是什麼因子帶來人的心靈的改變？或者成員們的想法根本就和治療者的想法是顛倒的？他們想像的也許不是如何讓自己有所改變，而是猜測團體的帶領者和評估者是要看見什麼、聽見什麼？例如，有正向且懺悔的態度和說詞，或者其它的。

　　至於在同一個團體內成員間的公平性的課題，就反

映著，他們原來的想像和治療者的方向是否一致而受影響。另外，如果以再犯的減少爲目標的話，加上期待成員們可以說出心理上的負向因子，並因此假設那些負向因子被說出後，是會讓它的破壞力得以減少。一如精神分析克萊因學派的重要假設，針對負向移情的詮釋，就是讓負向的破壞力，從不見光的潛意識變成見光的意識，並假設見光後的破壞力就會自然地被消解掉，因此就不再具有破壞力。不過這個假設在精神分析和分析治療的經驗裡，仍覺得不是那麼單純的方式，還是一個需要再多方驗證，或者需要更多細緻化思索，來讓這個假設得以成眞。

過渡現象與實踐理性

在《婚姻暴力與醫療處遇》一書中有提及下述概念：「……實踐理性認爲世界不是由黑與白、對與錯等兩個極端所構成，更無法僅由暴力與無暴力簡易二分所區別，也非觀念及現象彼此之間相互排斥……爲達到無暴力而施作的反暴力行爲，當認知社會現實的改變非一蹴可及的，改變歷程是要經過不斷的對話與辯證……由實踐理性看家庭暴力防治之目的，若欲藉由家暴法處遇計劃保護令達到"零再犯"，完全消弭加害人暴力行爲，實爲不符合社會現實的迷思。」（黃志中，2007）這是黃志中局長在談論處理家庭暴力時所需要注意的觀念，也幫助筆者思考

關於前段提及的體制交會等等之疑問。

　　體制運作系統的演變以及更生發展的概念，會讓人想到溫尼科特（Winnicott）曾提過的「過渡現象」之概念。溫尼科特在其「過渡客體與過渡現象」（1953）文中談到，孩子如何漸漸發展到，區分客體是屬於「我」還是「非我」的階段。文章細節暫不多述，此處提及此篇文章是想借用其所強調的一個概念，就是人在發展過程中要連結過去、現在並走到未來，是一段需要持續面對矛盾的漫長發展歷程。

　　借用上述概念來協助我們思考，目前這個既衝突又合作的體制發展，以及受刑人從罪人走到更生人的自我發展，可能都會遭遇到的起起伏伏。小心翼翼看待挫折或懲罰的力量，如何不會在這歷程中，造成揠苗助長的反效果。

　　溫尼科特文章開頭就提及一個大家都熟悉的現象，就是小孩子在出生後不久，會出現把手指或拳頭放進自己嘴裡的行為，且在執行此行為時像是刺激了口腔的性源帶，同時間獲得了本能滿足，也獲得了一個平靜的狀態。筆者在閱讀時思考，一個小孩把拳頭放入嘴巴是否象徵傷口癒合的概念？嬰孩從出生前的平靜狀態，到出生後的衝擊狀態下，又經歷了母親乳房放入口中後又抽離的波動，像是裂開了缺口，需要自行反覆地用些下意識的行動來填補，來暫時癒合。

　　筆者認為目前司法與心理體制，嘗試用各種策略來介入受刑人的自我發展，就是類似的現象。在許多層面我們都無法忽視現實存有一個個的缺口、傷口（像是發生過的犯罪行為所烙下對不同對象的傷痕，至今仍無法如電影「關鍵報告」一般準確預測再犯與否，或是可教化與否等等），而我們正嘗試用各種想像，希望能夠獲得暫時（甚或永久）癒合的方式，即使我們想辦法讓這一切科學化，都還是需要歷經許多下意識的直覺反應，嘗試來讓我們累積真實經驗。

　　這些經驗對社會、對體制、對從業人員、對受刑人來說，如何成為有用的經驗？而不會變成太過挫折而帶來更令人失望的後果呢？或是因為要否認這份挫折而變得更為嚴厲與暴力呢？這其實就是先前文章提到的主要焦慮之所在，後頭會再詳述。

擺盪中的重覆與過渡

　　舉一個不少見的團體歷程，來描述與過渡現象有關的轉變起伏。想像一位否認有犯案的成員參與團體多年，初期受到監所傳聞影響，而帶著預設的想法前來，認為參加團體目的就是要來認錯的，所以在團體初期都主動要求要自己帶著判決書來宣讀給大家聽，請大家批評指教，但他表明自己實情上並沒有犯案。

　　這形成一個特別的氛圍，也就是否認犯案但要大家

批評他、指責他，好讓他可以自我檢討。團體在這特別的氛圍中，確實也真的發展出其他成員對他的批評與指責，但不是指責他犯案內容，而是指責他對待案件所涉及的相關人等（妻子、孩子、異性友人等等）方式不恰當。整體來看，像是滿足了他沒犯案的立場，也滿足了他想要被指責的欲求（假如他真有犯案，這狀況就同時保留自尊也處理了罪惡感；假如他沒有犯案，這狀況就像配合想像中的懲罰性質之治療來完成交待）。

在經歷第一次評估未通過的挫折之後，成員可能開始會陳述出，已準備上訴以拿回清白有關的內容，同時也在團體中偶爾展現對其他成員的關懷，把團體時間讓給其他成員發言。這姿態不同於初期在團體中的樣貌，出現了一些轉變，但並非完全不一樣，有時也會突然因為某些原因（像是焦慮或競爭），又爭取希望能夠有時間讓他再向大家細讀一次自己的判決書，像是回到了初期的樣貌。

經歷了第二次評估未通過之後，成員可能因為意識到自己應該沒有機會提早出監，剛好團體也因為有部份成員離開又加入新成員，變得在團體中以過來人的身份勸告新加入的成員要坦白，一種類似傳承者的位置。但偶爾又會突然回到那個希望再向大家宣讀一次判決書的狀態（特別是被新成員質疑自己沒有通過評估，就沒有資格向大家說教之後）。

　　常有成員讓治療者感受到，一直處在類似上述持續
有轉變的狀態，但遭遇到不同的新舊挫折之後，又會一
定程度地反反覆覆、拉拉扯扯。這讓筆者好奇，有沒有
可能每個階段的他所採取的姿態或信念，都像是小嬰孩
選擇塞入嘴巴填補缺口的物件或方式？那麼身處治療者
位置的我們就會經驗到一個挑戰，如何與成員從評估未
通過的挫折，維持住相對穩定的態度，保有繼續嘗試思
考的意志？而不會讓體制或治療師像是一再從小嬰孩口
中抽出奶嘴的人一樣，讓挫折或打擊成了刻意使然。這
裡有一個相對應的焦慮在治療者與體制之間。

　　在這個緩慢且反反覆覆的過程中，存在著一個時間
上的壓力。這樣的作法似乎與社會期待的，快速有效保
證不再犯的價值觀有落差，而現有的行政資源也經驗著，
陸陸續續有更多等待進入團體治療的受刑人在排隊著。
這份煎熬會讓筆者經驗到，自己也可能成為被體制抽出
奶嘴一般的焦慮。但也許過渡客體存在的目的就是一個
階段性任務，而非證明自己才是填補缺口最好物件。在
這些調適歷程之下，才能讓筆者維持著持續經驗與思考
的態度。

徒勞無功之感的背後仍然有光

　　這裡筆者要再借用溫尼科特的想法來幫助我們前行。
前述提及那些拉拉扯扯、反反覆覆的轉變歷程，也許就

像是溫尼科特所說的自體過程（the self process）。溫尼科特認爲只要環境能夠給出夠好的主動適應，會促使個人的成長，讓自體過程可以持續活躍，沿著一條不間斷、活潑成長的線走下去。

但若環境表現得不夠好，便會對個體帶來衝擊（impingement），而個體可能就會對此衝擊有所反應，讓自體過程被打斷。這歷程也會涉及到發展出以防衛-順服（defense-compliance）爲基礎的假我（false self）。溫尼科特提到假我的發展，是用來保護眞我（true self）的核心之一種最成功的防衛組織，而它的存在帶來徒勞無功的感覺（sense of futility）。也就是說，個體因著某些環境中經驗到的挫折因素，停止了較爲眞實的自我發展歷程，改以假我的樣貌來呈現、來生活。假我雖是種防衛，是基於個體的自我保護，但卻讓個體失去活躍的生命感，總是經驗到徒勞無功之感。

溫尼科特的這些論述，總是會與筆者在團體中的許多經驗相呼應。我們常常會聽聞到留在團體中的成員，對於已經通過評估且離開團體的成員，展現出鄙視或否定的言論，而非原本預期的正向肯定。

舉例來說，有幾次經驗是成員彼此之間在團體中相互鼓勵、支持與回饋，形成相當互惠的關係互動。但在其中一些成員離開後，留在團體的成員會開始否定離開成員先前的陳述與表現。像是會說：「老師你們都沒有

看見他通過後在舍房和工場的樣子，那就是出去一定會再犯的樣子，根本沒有眞正的悔改。」或是說：「他之前根本沒有說出完全的實情，但是你們相信他，也沒有辦法。」這些言論或許出自於忌妒或挫折，也或許出自某些眞實依據，但都反應出他們認爲某些在團體中的樣子是假的，對於不再犯罪而言是徒勞的。

「假我」帶來的徒勞無功之感在其他面向也不少見，前段描述的是成員認爲通過者的表現是虛假的，通過者的努力是毫無防治效果的。其實成員本身對自己懷疑的經驗也很常見。舉例來說，成員常常會批判曾經遭遇到，團體運作有時會讓成員填寫量表，或是針對特定問題作答，進而找出自己的危險因子等等內容的作法沒有用。成員也常向團體提出一個質疑：「我們進來關這一趟眞的有用嗎？」，筆者將「進來關這一趟有用嗎？」的疑問，連結到是否也是在說：「參加團體治療有用嗎？」

有時團體也能在這些疑問中自發延伸出後續的討論，包含有成員提及自己本想參加監所舉辦的才藝競賽，來爲性侵犯爭一口氣，但覺得被其他受刑人潑冷水而將稿件丟到垃圾桶；有成員提到自己年幼時因爲沒錢補習，難得考好一次也會被人懷疑作弊（難得表現好卻被他人懷疑的經驗，在團體中不止聽聞過一次）；也常有成員回想到，同樣因爲其他案件被關過的親友前來會客時，卻怪責成員不成才。

這些成員的聯想或回應內容，都顯示出他們經驗到自己在團體中做的努力，應該都對於被他人重新接納沒有實質幫助，因為他們犯的是香蕉（性侵）。也許在這種挫折的前提下，很有可能就將心力轉而應付想像中的評估機制，展現出一種看似努力配合改變的態度，但卻已失真。這一切也許都因為建基在某種不真實感之中而顯得徒勞。

其實這種對於治療介入或教化介入沒有用的徒勞感，也很容易在社會大眾的言行之中觀察到。每每有發生重大社會新聞（無論是殺人或是性侵害等等），從網路上的大眾反應中，常見到對於治療或教化系統的不信任，也常伴隨一些挫折情緒下的揶揄留言，像是對於某些令人髮指的案件新聞，以模擬司法心理人員的用詞來留言：「可教化！」藉以諷刺政府體制對於這類受刑人的作為應是徒勞無功的。或是更為失望地直接討論死刑與否的話題。也曾有同樣在監所協助團體工作的同事表示，在搭乘計程車前來的路上，常常被計程車司機抱怨對這些受刑人做這些事情是浪費國家的錢，沒有用的。

但好的地方是這些都反應出對現況的不滿，並未因此阻止現況的繼續發展。許多對於治療體系或教化體系存疑的言論，並未發展成要立即停止這些動作，也就是在無助之中，大家仍存有一絲希望，寄望能漸有曙光。

受苦經驗的啓迪價值

「在每個社會中，都有某些東西被那個社會的人認為理所當然。然而只要有人把它說出來，卻必然會產生各種不同意見，成為爭論的題材。」上述這段話是精神分析學家狄奧多・芮克的言論。他提到這段話的用意是，向人們說明精神分析最重要的發現：要想能夠領會，必須經歷某種程度的「受苦」（suffering）。芮克澄清他用受苦（suffering）而不是痛苦（pain），主要強調內心感受到痛苦是至為重要的成份。他認為有些知識不僅是知識，而且必須是經驗。要獲得這類知識除非把種種的潛抑給移除，否則不可能有充分的認識。

然而，對精神分析概念稍有理解的人都知道，防衛機轉的存在，就是在保護個體不會直接經驗到現實的痛苦。潛抑作為一種防衛機轉，其存在目的當然也是避免痛苦，把潛抑移除必然會導致痛苦。這樣的論述很容易被連結到某些特定以受苦為基礎的宗教觀點。但筆者認為芮克的本意並非如此，而是希望人們可以更留意這類真實經驗的存在，並嘗試以科學的態度或論述來檢視。

有形與無形的環境議題

另一個重要問題是，身為這類特殊屬性治療體系中的一份子，怎樣才能經營出夠好的環境？筆者實際的經驗中經歷過幾個層面的挑戰，其中一個是信任不信任的問題。當成員十分穩定而真誠地否認案情時，我們要如

何回應？

　　整體而言，這涉及一個重要的課題，關於歷史事實（historic truth）和心理眞實（psychic reality）。就法律層面，這些判決書的內容是意味著，被公權力以各種方式調查過的歷史事實作爲判決的基礎，但是如果要談治療或預防再犯，是否就只要犯案者低頭承認這些歷史事實，然後就可以造成改變嗎？在團體的過程裡，犯案者對於這些歷史事實，仍有不同程度的看法或者扭曲，我們只要逼著犯案者確定，這就是他們曾有的犯案，這樣就可以了嗎？

　　或者要重新再思索，何以他們在心理眞實上，會和歷史事實有這些落差呢？是否心理眞實，涉及了潛意識的領域，讓我們無法思考自己所做的事？此部分在現實和心理眞實之篇章會有進一步討論。

　　另一個常見的環境問題與戒護系統的存在有關，牽涉到心理治療的安全感。由於在監所內工作是很特殊的心理工作情境，它有戒護人員存在，也有監視器架設在團體室內。這些存在某個層面是爲心理治療師帶來安全感，另一個層面也會衝擊成員在治療關係中的安全感。

　　曾經在大寮監獄挾持事件過後不久，團體中有成員疑問爲何女性治療師會敢進來做這份工作？也問治療者相不相信，如果成員們當下決定一擁而上圍住治療師，治療師跑都跑不掉！這些問題像是在對抗，爲何治療者

背後要存有戒護系統嗎？還是只是單純的對治療者權威
形象的挑釁？

　　同樣對戒護系統存在的問題也出現在別的團體，像
是責怪戒護人員管太多，其實是在找受刑人麻煩。或是
評論不同的主管，哪些比較好相處、哪些比較容易激起
敵意。筆者也嘗試用反問的方式來處理（如果沒有戒護
人員在，會敢進來關嗎？會讓家人來會客嗎？），這些
歷程都同樣讓筆者深刻體驗到，不同層面的安全感與信
任感之兩難。

　　戒護系統是外在環境中的一環，它的運作帶來的影
響究竟是一種保護性質的助益？還是破壞團體動力的干
擾？其實有很大一部份取決於治療者在當下的反應。在
此舉兩個例子來比較，延伸我們的思考。

　　曾經在某次團體運作過程中，突然闖進兩至三位具
維修電器背景的雜役（雜役就是受刑人在監所內擔任的
公差身份，具服務性質），他們要進入維修冷氣。當時
身爲治療者的筆者並未立即有所反應，而是觀察等待雜
役是否只是看看情形就會離開。但是當時雜役觀看冷氣
問題的時間有些長（約莫5-6分鐘），同時間團體也陷入
沉默，無人發言。之後雜役離開，大家以爲檢查已經結
束而正要慢慢恢復討論氣氛時，雜役又再次進入並看似
準備要動手維修，團體又再次陷入一段長時間的沉默。
此時筆者與另一位治療者仍無反應，我們都陷入一個難

以定奪而只能再看看的狀態。

但團體的整體沉默，在那段時間裡形成一股非常特別的氛圍，似乎讓雜役感受到不太對勁，於是就帶著工具離開團體。之後團體恢復討論對話，治療者在一個機會中問成員，剛剛發生的狀況大家會怎麼想？不知道剛剛的集體沉默又是怎麼一回事？此時開始有成員表示不喜歡有人闖入、對於雜役身份可能有些情緒等等，但也有成員向治療者質疑若有其他不相干的人在場，個人陳述的隱私內容就會失去保密性。

再來分享第二個例子，也是與雜役闖進團體有關。那是在有成員出現坐姿不當，看起來像是在打瞌睡時，有雜役受主管託付要提醒約束，於是打開門來要求特定成員坐好。事後成員會對這種情形有抱怨，認爲雜役或主管階層監視太多、要求太多。與第二個例子相類似的事件其實不少，像是監所群聚感染比較嚴重時，也會有進入團體，提醒成員必須嚴格遵守戴上口罩的要求。

上述兩個例子發生過後，都持續在筆者心中思考好一段時間，怎麼做、怎麼回應才比較好？以第一個例子來說，如果再發生一次的話，現在的我應該會採取立即請雜役先離開的作法，讓團體維持完整時段的運作氛圍與保密性。以第二個例子來說，筆者可能就會傾向在事後與成員討論，一個事前已知的規定如何會在不知不覺中違反？因爲那涉及到此時此地所能觀察到的攻擊可能

性。

　　但即使筆者現在有歸結出一些作法上的傾向，要在事發當下能有一個明確立即的反應，相信仍然會有一番掙扎。這掙扎的來源可能有二。

　　其一，涉及到如何和成員談論這些作法與立場，才比較能帶來經驗上的覺知？而非變成立場上選邊站的樣貌（站在成員的感受上來抵禦外來干擾，或是站在戒護那一邊來訓戒成員），讓治療者的不恰當反應形成一種衝擊（impingement）。理解這些道理看起來很容易，但在運作過程可能遭遇到的千變萬化，確實不太容易。

　　其二，就涉及到文章開頭提到治療者也有被評估的焦慮。身處治療者的位置，即使最重要的任務就是在團體治療中，專注為成員思考與消化困難的議題，但治療者也不能在此過程中忽略對於結構面上的現實感。例如戒護系統或其他人等，不一定真的認識或認同心理治療的本質。而且他們也肩負著重大維安之責任，在長年的戒護經驗之下，自然也會有一套運作哲學。舉第二個例子來設想，就像是在多人群聚的監所環境中，必須小心翼翼讓可能渲染開來的不當習性提早被抑制，不至於發展成帶來麻煩的風氣。

　　在這裡治療者如何拿捏好分寸，才能確保治療的品質？同時也不至於對監所其他系統造成恐慌或干擾？像是不要被當作是麻煩製造者？這部份在筆者的經驗上認

爲是十分重要，但也是十分不易。就好比前述提及，對
於心理治療用來協助性侵犯罪者，社會大眾可能都還不
太有共識或信心，即使心理治療專業人員，也不敢認爲
就一定能帶來什麼幫助，因爲一切都還需要更多經驗累
積來告訴我們。

在這個像是剛著床還不甚穩固，也不太確定未來會
長成什麼樣子的階段，治療者會十分焦慮，一個大意可
能就會讓這份尚未明朗的努力有流產的風險。

焦慮的大風吹

現在讓我們談談焦慮的影響，因爲筆者目前認爲，
焦慮的狀態正決定著治療者能否在這困難的情境之中，
爲團體成員保有穩定提供恰當回應的狀態，而這正是筆
者認爲「夠好的環境」的關鍵因素。

在比昂（Bion）的論點裡提到，他與精神病人工作
的經驗中，時常面對到病人以一種排空的方式，將自身
無法處理的精神內容，直接投射到治療者身上，試圖讓
治療者經驗其所經驗的混亂和痛苦。

比昂認爲治療者要能夠將這些混亂的精神內容（比
昂稱之爲beta-elements），變成可理解的素材（alpha-
elements），而此歷程如同母親在消化嬰兒所投射出的無
法消化之感受，比昂稱此爲「涵容」。筆者面臨到團體

成員排空似的投射混亂之狀況也相當頻繁，因爲成員經歷的困難要素十分多元，如同前述段落陸續提到的林林總總。

受刑人在監所中因著性犯罪之名，而承受了許多被歧視與排斥的張力，面臨著傳說中的私刑恐懼（可能會被用牙刷刷龜頭），或實際遭遇到的欺凌事件（被其他受刑人戲稱爲「香蕉」），加上有些受刑人對自身犯行亦感到羞愧難忍，因此許多性侵害案件受刑人都處在焦慮程度相當高的狀態。

然而，多數受刑人對於心理治療本身也具有污名與偏見，再加上矯正體制的心理治療與假釋程序掛勾（治療未被評估通過之前都無法申請假釋），使心理治療與其現實中的自由議題無法切割；治療者身上具有的審判者成份也無法切割。故在面對這類非自願性的治療情境時，受刑人的精神壓力是相當的龐大，內在思緒亦顯得十分混亂。

許多受刑人在治療中很容易會想排空此混亂，因而直接將此混亂投射在治療師身上的狀況十分頻繁，這些混亂來自一群人而非一個人，穩定涵容的難度相當高。而治療者扮演治療角色，也同時具有評估影響力的部份，會明顯影響到心理運作空間的餘裕與否。另外像是參與評估會議過程，治療者會面對到的挑戰，或是受刑人在出監後可能與治療者的關係型態樣貌等等，都會是治療者的焦慮來源。

對所有人而言，最大的焦慮應該還是在於出監後再犯這件事。經驗中發生過幾次由工作單位出監的受刑人之後再犯的情況，對工作團隊帶來不小的衝擊。事件經由媒體報導後，通常都會造成一陣恐慌，並在社群網路引發熱烈的留言討論。

通常這些內容都可以觀察到大眾的驚慌、憤怒、厭惡、失望等等情緒，也會對政府表達不滿。這份衝擊很快由政府部門傳遞到相關單位，再傳遞到承辦團隊與治療團隊。在監所受刑人也會透過媒體報導接收到這份衝擊。這份衝擊很容易讓發展中的工作團隊挫折，也很容易讓治療團隊人人自危，擔心是否是自己曾經負責過的受刑人。若團隊的成熟度還未足以涵容這份衝擊與恐慌，就會限制團隊內支持力量的發揮程度，反而讓相關工作人員承受莫大的異樣眼光壓力，如同是自己再犯一般。

而那段時間還在治療中的成員也會瀰漫在一股低氣壓中，預期會有好一段時間，他們的努力都將不再被信任。這狀況不只在監所內處遇會遭遇到，一些被評估為高危險再犯的人出監後，這些焦慮氛圍甚至也會影響到社區處遇階段，可能沒有治療者願意承接的情況。

一方面可能因為防衛，一方面也因為必須有所應對，此時往往第一時間會讓大家想到加強監控、提高評估標準，以及刑後治療的選擇比例。這並非不對，畢竟在局面還讓人不放心時，仍是需要一個相對有安全感的應對。

而困難的是在這一陣慌亂之後，我們還有多少意願與能耐，再回過頭來經驗思考這份焦慮？這是否才是心理治療團隊必須站穩腳步之處？

工作團隊曾經比較多的討論是，關於刑後治療與社區處遇的銜接問題，但筆者認爲這應該屬於流程方面的技術性問題而已。若刑中治療面對的這些焦慮與困境，不會因爲離開監所後就有所改變，那麼專注在銜接問題的價值就沒有那麼高，反而像是玩大風吹似的，把焦慮放在另一個團隊身上。

其實類似的心理治療困境一直出現在不同的場域，監所單位面對的是出監再犯，醫療單位面對的是出院後的自傷傷人，校園單位面對的是學生尚未畢業時的自傷傷人，不同情境的個案們似乎都傳遞著一份共通的待解威脅。除了回到個案的個別性狀態來思考外，是否也有些共通的心理機制在其中，可供理解與運用？

在過去的實際經驗，採取再犯預防模式思維的工作夥伴，會往未被發現的危險因子去思考，並討論這類危險因子被處理的可能性。而精神分析思維還可以爲其帶來什麼樣的助益？筆者認爲是與還在治療的成員一起創造或拓展思考的範圍，讓還在治療的成員可以直接在經驗中學習。透過對已知與未知部分的思考，來緩衝當下的焦慮程度，而不單單是被焦慮逼著必須立即找出一個如同代罪羔羊般的問題點，以爲很快地解決它就不會再

有問題。也就是以非行動化的經驗來取代立即性的行動化。

　　實際經驗告訴我們，這絕對不是件容易的事，甚至治療者還可能在團體運作過程，反過來被成員或自己的焦慮給宰制著。而身在這些眞實的反覆經驗之中，治療者亦有機會，去累積與建構一些可能的分析性假設模式，來看待這些共通性經驗。此部分在「關於性侵犯的再犯課題和想像」篇章會再更進一步討論。

結語

　　英國訓練分析師David Black於2015年在台北市立聯合醫院松德院區演講時，曾提及一個小故事。故事描述有一個地方存在著兩個不同教派的教堂，當地的人們因著不同的教派認同而各自去著不同的教堂，壁壘分明。有個生長在此地區的小男孩有一天發生船難，漂流到一個無人島上，一個人渡過了一段孤獨維生的生活，直到有天救難人員發現這個島並前來營救。小男孩遇到救難人員之後，很興奮地向他們介紹自己在這個島上搭建了一座替代性教堂，定期去這個被他視爲教義認同一致的教堂做禮拜。有趣的是，他也帶救難人員去另一個地方，因爲他在另一個地方搭建了另一座教堂，將它視爲教

義認同不一致的教堂，而且從來不進去那裡。這個小故事讓筆者體驗到，有些很實際的衝突可能被如何地經驗與處理。在這個治療成效尚不理想的狀態，政府卻仍挹注大量經費在治療體制之上，也許是因為希望加快治療成效的進展。但筆者認為現階段的治療體制，也有可能象徵著那座不願意去的教堂一樣，讓社會大眾心中那份尚未能消融或整併的複雜情感，有個暫時被擺放的地方。也就是說，有些實際衝突在尚未被找到妥協與整合之道時，是需要一個空間來隔離擺放。而治療者身在此位置時，也被寄託有朝一日找出整合之道的使命。

彭瑋寧/

外在現實 vs. 心理眞實

　　心理治療主要是透過個案的陳述，作爲理解並回應的方式。而在加害人的心理治療情境，由於加害人是被強制要求接受心理治療，個案的陳述有著多少眞實性往往令人質疑，連帶著也會質疑治療的可能性。但在這樣的工作經驗裡，除了與現實有關的議題存在於治療關係，也許還可以有很多不同層次的思考去開展想像力。說出來的故事不只是內容，還有說故事的方式與意圖，也都是值得治療者關注。

沒有被看見的願望

　　一切都是從經驗裡思考。在對加害人的工作裡，筆者扮演著努力協助加害人的角色，成員縱使在沒通過評估後有情緒，在認同治療師爲協助者的狀態下，後續治療工作的情境大多還算平順。但在一次對個案的情緒不

了解且訝異的經驗中，筆者對於個案在治療關係的感受
有了不一樣且更豐富的想像與理解。

　　一個態度配合、對自己的案情坦承並努力探索，以
及對其他成員常給予回應的成員，在團體一年了，由於
該成員在團體中表現良好，因此評估會議順利通過，但
在最後期間的治療，有一些事件讓筆者印象深刻。該成
員在治療期間，先是很關心我的狀況，有次在團體治療
中，一反常態的沉默。治療師詢問該成員「怎麼了？」，
他說他知道老師對他生氣，因爲上次的話題他沒有太多
發言，所以老師不高興了。當下筆者澄清解釋對他並無
情緒，之後幾次在團體中，成員對治療師卻更顯疏離甚
至帶著憤怒。這樣的情境是否反映了，個案對治療師的
感受不只是將治療師當成協助者，也不只是想要評估被
通過，即便在這樣的具有目標、帶著評估的監視壓力環
境下的治療關係，個案也是有除了想通過之外的欲求。

　　不論是在監獄的管理或在治療團體，該成員都是楷
模並已經通過治療，這是現實層面所見的。但個案對治
療者的負面情緒是怎麼回事呢？對照該成員的犯行內容，
是類似恐怖情人在不相信女友解釋的狀況下，產生一些
恐嚇的舉動。也許個案重現了過去的挫折及反應的方式，
若是如此，這些治療關係的變化也許是個案理解自己的
機會。

　　進一步想，治療師當時對個案澄清沒有情緒，是針對外在現實，或個案已經通過治療達到目標也是外在現實，那麼，個案的情緒是否就是某種心理真實與外在現實有落差的展現？個案也許是在治療師表示並非如個案所認爲的那樣後，覺得被否定而生氣？或是認爲治療快結束但仍有未處理的部分而感到著急？或是之前就有情緒只是治療通過了而覺得可以表現出來（可能對治療師不滿很久只是現在才表達）？無論當時個案是爲什麼生氣，確實有些類似於犯案情節的人際困難重複上演著，心理真實就算被忽略也不會消失啊！

　　對於精神分析取向來說，是傾向從個案的話語和反應裡，猜測個案意在言外的材料，尤其是那些重複出現，並且擴及生活多個層次都有類似的現象時，我們會假設那些景象是起源於生命更早期的創傷經驗。不過當我們說著當年的創傷經驗時，並不是如一般想像的，以爲是有某個創傷一直在發動著而引發眼前的行爲，這個推論太簡化了！並不是如此明顯的當年某個創傷，然後引發目前的某種行爲或症狀，雖然這種說法容易被理解，但是一般來說，個案可能拒絕這種簡化的推論，或者如此接受的話，常常更像只是停留在控訴當年的某些人或事，而並非想要了解眞實的心理過程。

　　在臨床或一般生活情境裡，我們的確是常經驗著如果早年有創傷，那麼這種創傷是難以被再度經驗的苦，

或者只能經驗著它再現出來的外顯現象或症狀，甚至如果我們說個案的某些問題是當年創傷經驗的延續，通常個案不見得能夠眞的了解這句話。這種難以了解的情況，就如同前述這位剛通過可以申請假釋的名單，他是初步的成功，但是他對團體治療者之一的女性的情緒反應，卻反而反映著他原本對於女性的強暴的某些現象，例如，對於女性治療者的不滿情緒，充斥在此時團體治療的狀態裡。

不過，這種觀察和比對是治療者的觀點，個案是否能理解治療者？如果指出個案在目前對治療者的態度，是相似於他當初的犯行的某些前因，個案會如何想呢？如果治療者試圖在此時這麼說，是否變成是粗魯的分析呢？或者就算個案理解了，那麼在未來某個時候再現時，是否這種理解會影響到未來的那個時刻呢？這需要回到現實來觀察，我們無意說一定是或不是，而是抱持著不要過於相信這些認知上的理解，能夠完全節制未來的某瞬間的行爲。

作爲治療者，是先傾向假設這種理解對於節制未來行爲的效力是困難的，因爲這是多年來看得見的困難。不然，如果不困難就不會有目前在監所裡，被引進各種模式來處理這群犯行者的問題，因爲最大的難題仍是在於，假釋後是否會再犯？治療者是以不輕忽的態度，採取最嚴謹、最愼重的假設。我們也需要很困難地節制欲望，

以最嚴謹的方式來觀察和處理。因此傾向採取治療者就
是治療者,而假釋的評估就完全交給評估委員,也許這
樣子才不致於球員兼裁判。

　　試想如果要治療者相信自己做的治療會是缺乏功效
的模式,這不是容易的,雖然目前我們是傾向以不確定
的未來作為假設,也是目前看得見的事實就是了。

　　因此,當治療者交出做最後評估的權力後,也許才
有機會讓個案能夠從對自身的心理有助益的方向,參與
團體治療。雖然這種制度面上的區分仍難以讓犯行者們
相信,因而他們仍可能持續認為,治療者是他們能否被
假釋的最後決定者(至於治療者在團體治療的過程裡,
是否要明白如此宣稱自己的角色,這是另一個話題了)。

混亂的存在──理想與真實之間的落差

　　在監獄的治療由於是強制的,不論意願如何都得進
行,以至於有的個案可能是在不甘願,或是沒有準備好
的心態下進入治療,這會如何影響治療呢?很多成員常
認為來治療就是把成長過程及案情說清楚後,就結束治
療或通過評估,這當然也是對人如何改變的簡化投射,
認為自己知道怎麼做就可以做得到。

　　因此成員們各自報告完後,便會給治療者一種壓力,
認為治療者應該告訴成員哪裡說的不好,或哪些危險因
子沒有說到或反省到。而治療者若真的照著這樣的外在

現實，給予一些建議或回饋時，常見的是建議不被採納，或將其他成員或治療者的回饋視爲攻擊，或者是陳述的內容呈現出反反覆覆的情況。舉幾個實例：

一、成員F認爲來治療就是要檢討、眞心反省，提到聽聞其他沒通過的人在抱怨，心裡覺得這些人應該是沒有徹底改變。當其他成員回饋不同想法，指出沒通過的人不一定是不努力改過時，F認爲被攻擊而在接續的團體中沉默。

這種對話的情形是常出現在團體治療的過程，雖然就表相來說，團體成員會這麼說時，相對於如果仍完全不理睬治療者的存在而不會說這些話時，也許是更困難處理吧！但是治療者聽到這些話時，就應覺得很高興，好像自己的處遇模式是成功的，所以成員們會說這些聽起來有道理的話。

不過這也許更是反映著，說這種話的成員只是稍有現實感，至於這種現實感在團體的當刻也許很有誠意，但是眞正的難題是在於，未來的情境和挫折出現時，他們能有多少的冷靜處理眼前正發生的事以及當時的欲望，讓那些具有現實感的想法能夠發揮實質的效用？通常這也是很多人覺得不放心或不確定的情況。

說實在，作爲處遇這種難題的治療者，不論採取何種治療傾向都是要謹慎的，而不是抱持著過度的信心。雖然我們保持著這種態度，可能讓成員們覺得我們不夠

信任他們。這是在團體治療過程裡，治療者遭遇的重大挑戰，如何做才是對？治療者對於結果抱持保留的態度，並非質疑他們想要有改變的動機，但是我們也無法排除或許有人純粹只是在表演給大家看，而內心裡其實有從來不曾想要改變的想法。

二、成員Z在案情的討論中，一開始認為自己是酒後亂性，後來在團體裡的討論中漸漸釐清喝酒後仍能開車、對被害人下藥以及完成犯案後將被害人載回住處，與在酒精影響下不能清醒的狀態不同，而往其他動機去思考自己的犯案。但在幾次討論後，又聲明自己就是認為自己是酒後亂性，這是自己真實的想法。

不過這種說故事的方式，對於團體治療者來說仍面臨著一項難題，因為當事人在事後不斷地重複述說當初的事件時，一般是假設隨著時間的回想和陳述，會愈說愈接近故事原本的面貌，這只是假設，實質是如此嗎？從分析治療的經驗來說，其實並不必然，當個案在述說當年的某個故事時，有可能會被添加進去後來不自覺想到的某些情境。這是心理真實所帶出來的記憶，但是這種記憶作為記憶，是反映著心理真實，而不必然是歷史事實的真實性。

這在心理治療時是重要的區分，在心理治療時是以心理真實為重點，假設個案是依心理真實而不自覺地感受和行動，但是這無法完全運用在和司法有關的事件上，

畢竟司法案例的審判是要依據歷史事實爲基礎,只是一般人常以爲個案自述的回憶就是當初的事實,而忽略了人的記憶會依著事後的回想,以及向誰述說而有不同的增添,這些增添對於心理眞實來說,就是反映著某些心理痕跡,是因爲有這些不自覺的增添,反而讓精神分析取向者能夠因此來猜測和推論潛意識的動機。

三、成員M與被害者的媽媽有過分分合合的情感關係,認爲是被她陷害而入獄,在團體中陳述自己將她視爲蛇蠍女,並決心遠離切割,卻在一次分享友人來信鼓勵自己大爲感動中透露,該友人就是被害者的媽媽,之前還視她爲蛇蠍女。

這似乎也顯示除了個案說得出來的內容,還有更多沒說出來的,或是內在經歷了但也不一定說得出來的部分。

個案的心理到底發生了什麼呢?若忽略個案心理眞實的狀態,再好的建議似乎也都無法被個案視爲好的或善意的,這也許可以通俗的表達爲「道理容易懂但做起來很難」,或是所謂「完全準備好」也許只是一個理想的狀態。但從這一點可以想像,人的心理對於要被改變是自然而然有防衛或自我保護,雖然治療當然也不只是將目標放在個案聽得進去治療者建議的層面。

心理眞實是什麼?是有不少說法,最簡化的說法是,如果人的內心裡有個如惡魔般的存在,它把所有人的善

意都轉化成惡意，如何描述這種情景呢？畢竟這是臨床
實作裡常見的情景。假設潛意識裡原本就是原我、超我
和自我相互妥協的力場來說，力場角力的結果將會牽動
著個案如何想像治療師所提出來的說法。不論治療師說
出的是具有引導功能的暗示和建議，或者只是試圖從個
案的說法裡找出某種詮釋，作爲讓個案能夠更自由的話
語，治療師都需要猜測個案潛在的想像是什麼？

　　若想像心理眞實能將善意都轉化成惡意，但也有的
案例讓我們感受到，心理眞實可以將惡意或模糊的外在，
轉化爲較爲善意的狀況。例如，成員W在團體中一直抱
持懷疑且不信任的態度，甚至煽動團體質疑治療師不讓
大家通過，但在第三年的團體歷程中，卻扮演起鼓勵團
體討論的角色，在已經接近期滿的狀況下，常表現出對
自身的思索。長期治療又無法通過的情境下，是個比較
會讓個案解讀爲被否定的惡意狀態，如此也許我們可以
推論，W的內在比較有能力將負面的外在現實，轉化爲
善意的可能。而這些觀察對評估而言，是否是值得補充
的思考脈絡？除了現實上承認或認錯與否外的心理眞實？

加入心理眞實的治療脈絡

　　其實對於改變，不可能有完全準備好的狀態，在有
外界體制要求規範下，加害人可能爲了可以評估通過，

就放棄自己的立場，採取爲五斗米折腰的策略，或是消極抵抗不發言、裝傻就待到期滿出監或戰戰兢兢配合⋯⋯等等。這雖是強制治療的困境，加害人呈現出的外在現實面，但從另一層面去理解的話，這樣不想改變的心態，有可能是加害人容易將這樣的抗拒，視爲抵抗某種體制壓迫的心態。自己若改變就像是順從了某種權威，或是將拒絕改變視爲某種維護自己尊嚴的行動，而配合改變的心態，有可能是扭曲自己以達到成功的行動。

從評估的立場去思考，若是我們心裡對改過或是評估通過有個理想的形象，例如：知錯能改、勇於認錯、勇敢面對及解決問題等等，這些特質的評估，除了在於加害人對案情的解釋或是對犯案行爲的控制，還可能可以有很多層次的評估，如：加害人爲何願意談案情、爲何要嘗試改變犯案行爲的心理眞實的探索？如此可能對加害人的瞭解更全面。

我們從分析治療的臨床實作經驗，早就重複地觀察到，個案的認知期待和實際作爲之間的落差，臨床上有衆多個案常出現的抱怨是，爲什麼我明明知道了，但就是做不到？例如某位小時候被虐待的女孩，當了媽媽後卻常在難以克制的時候責打小孩，但是事後又後悔。另外，再從性侵者的再犯記錄來看，從以前至今，已有不少認知教育或道德教育的模式在協助這些犯行者了，何以教化仍是困難呢？

　　我們是需要嘗試再引進其它的想法，從不同角度來觀察和思索這項困難的工作，這是無法否認或閉眼不見的現象。我們這麼說並非要推翻前人的努力，但是也不能否認是有些瓶頸需要突破。對精神分析取向來說，就是引進人的行爲和感受是受到潛意識的期待和動機所影響，但是這並非表示某些犯行涉及潛意識期待和動機的影響就可以不必負責任，我們並不是這麼主張。是否要負法律責任，這完全看法律的要件而定，但我們假設如果有治療的可能的話，那麼我們從精神分析的經驗裡，可以嘗試引進什麼來提供不同角度的思索？

　　我們在心理治療時都會提出一個外在的目標或說法，但精神分析取向心理治療看重的卻不是那個目標（分析治療，請參考蔡榮裕著《不是拿走油燈就沒事了：精神分析取向心理治療進階》）（無境文化，2018），而是當我們以爲我們朝向那個目標前去時，我們其實是在做什麼以及從此過程中如何持續下來，並且能夠提供成員存活的方式，讓他們有更多的理解。

　　簡要的說法是，古典模式的精神分析是不需要設定目標，因爲人要了解自己以及自由地以自己的方式詮釋自己的過去、現在和未來，這是無止盡的人生過程，也可以說就是生活的過程。至於要運用古典精神分析的工作模式於更多人時，佛洛伊德開出了運用的模式：「分析的金、暗示的銅」，這裡所指的暗示和我們目前了解

的建議，是有它的共同處。

　　當治療師被賦予矯正偏差觀念的任務，以及成員希望提早通過假釋的外在現實狀況下，似乎呈現了某種成員會在社會上經歷的現實處境；個人的欲求與社會的規範，有重疊也有相衝突之處，心理治療則提供了一個重新適應的時空。

　　以一個案例來思考看看。成員L在第一次團體治療時，對於評估制度很直接的提問，如何才能通過？並希望老師多幫忙。第二次團體治療時，希望老師直接訂出要討論的議題，並認為老師知道該討論什麼比較有助於通過。成員L展現出一種壓迫感的溝通，像是在討債的感覺。

　　在治療師的邀請下，試著讓L說得更多……

治療師：你要讓我們多認識你一些，會想從哪裡開始？如果要有主題那會是什麼？ 怎麼開始會比較容易？

成員L：應該是成長過程吧（解釋說自己比較複雜，先找比較容易說的開始……簡短介紹後就沉默）

治療師：也許回頭看自己很難？

成員L：爸爸都在喝酒，沒空……，16歲就因為殺人開始關……到29歲出獄，32歲又入獄至今……很少到校，國中可以畢業是因為與訓導主任說好，主任要求幫忙除除草等勞動來換取畢業證書。

治療師：我們可能沒有像你的訓導主任那樣，讓你除除草就畢業。也許在團體中沒有主題的困難，就好像是爸爸都在喝酒，沒有辦法按部就班地帶著你，你必須靠自己求生……，這次能不能不一樣，有機會走一條不會讓自己遺憾的路？

　　治療師指出L對於沒有團體主題的疑惑與父親在教養的缺席感受相似，而在這次對團體的要求與L過去在國中與訓導主任談好如何畢業的經驗感受相似。這是從現在的互動經驗中，讓個案試著理解過去也曾經歷過的困難。外在現實狀況雖然不同，但個案心理眞實的狀態相似，內在外在彼此影響，過去和現在交織著。

　　如果這樣回頭來看，一開始提的那位成員的生氣，也許可以有不同的思考：

　　──個案知道老師對他生氣，因爲上次的話題他沒說什麼，所以我不高興了。

　　是否此時治療師能在外在現實「是否生氣」之外，還能對個案心理眞實多一點理解，例如「也許你覺得自己在團體中不專心或少發言是做錯事」，或是「你想告訴我你覺得我對你做錯事是生氣的，會不會當初與女友關係裡沒那麼多時間陪伴時，你的感覺也是類似做錯事，當自己沒有做到自己認爲應該做的，便擔心女友對你不滿？」

　　當下我澄清我對他並無情緒，但之後幾次在團體中，個案對治療師卻更顯疏離甚至帶著憤怒，對治療師的詢問幾乎都簡短帶過或沉默。

　　除了持續關心個案的狀態，也可以對個案當時的內在試著理解，「也許我說我沒有生氣的同時也好像讓你覺得你做錯事，讓你覺得你誤解我了」，「也許在不知怎麼回應時，保持距離是我們想像中比較安全的作法，但卻也好像各自獨自在各自的想像裡」，「也許你表現出來的生氣或疏遠，表面上是想要讓我害怕或不舒服，但是更像是考驗我在被嚇的時候不要真的被嚇跑」。

結語 ———

　　我們目前的工作經驗是，治療中常呈現某種困境的本質——重複且具有破壞性。無論是否能夠被個案自身意識到，都是有種無法控制的困境在呈現。個案在團體中呈現自身的問題時，這些被說出來的故事，除了內容本身是討論的議題，其他在團體中呈現的人格特質和行為，也會是治療工作聚焦的重點，因為其中隱含著重複又自我破壞的本質。從治療經驗裡發現，心理真實的影響是無法忽略的，相同的情境下，個案的解讀與感受不同，相同的故事內容裡，個案的欲求也不同。而心理真實又會影響

著外顯的行為。那麼在期待個案能控制自己行為的
目標下，治療議題裡該如何理解或接觸個案的心理
真實，以及這部分的理解如何提供評估上的參考，
也許是未來值得延伸的思考。

彭奇章/

羅生門中的人性與幻想：再談否認

在「實務經驗的開展與分析思維的引入」篇幅中，約略提過治療過程遭遇被治療者否認案情的實際情形。本文嘗試再以小說《羅生門》中的人性現實，以及精神分析中的幻想概念，來理解治療中的否認現象。此處所談的否認，指涉的是團體成員對於自己犯案歷程的完全或是部份地否認，比較偏向是意識層面的否認態度，而非精神分析理論中的否認機制。但是我們也無法肯定此類意識層面的否認表現，背後完全沒有否認機制的成份。我嘗試用類比的手法比對實務的經驗，希望能爲令人感到棘手的否認議題，開拓另一個可能的思考面向。我將從小說《羅生門》的描述場景切入此類困境，再輔以精神分析對於幻想的概念，思索可能的解困之道。

羅生門的場景與治療中的困境

在芥川龍之介的小說《羅生門》中，描述一位失去工作的家僕正猶豫著，是否要去當搶匪或是讓自己就這樣餓死？為了躲雨的他迷惘地走到羅生門，在城門的死屍堆中意外發現一位活著的老婦，並且發現老婦正在拔著一位死去女子的頭髮。老婦在犯行被發現後焦急地想逃走，家僕阻攔她的過程中，兩人除了發生扭打外，也出現一段對話。

相對弱勢的老婦向家僕表示，在這個只求能生存下去的年代中，她拔取死人的頭髮做成假髮，以換取生存的資源並不罪惡，因為那位死去的女子生前也是為了生存而殺蛇販賣。而原本在猶豫是否要當搶匪的家僕，聽完老婦的一席話之後，心念一轉就剝下老婦身上相對有價值的衣服後倉皇逃走。

在羅生門的故事中，有幾個重要元素值得作為性侵加害人心理治療工作的借鏡。第一個元素是不可忽略的環境壓力。羅生門中家僕與老婦的遭遇，是發生在一個十分惡劣的環境條件下，雙方都有迫在眉睫的生存危機。若忽略如此惡劣的環境壓力，我們對眼前的人性反應，可能會出現不甚客觀的評價，影響了我們當下反應的適切性。嘗試評估目前加害人治療的環境，會發現無論對團體成員或治療者而言，都是處於壓力相當大的情況。

如同先前討論評估之篇幅中所提到的，對成員而言，

這段治療關係很難擺脫舉頭三尺有評估的信念，對於自己所陳述的每一句話，都會有攸關能否獲得自由的精神壓力，同時也會有被團體其他成員如何評估的猜疑，攸關自己在他人眼中的人格評價。治療者本身也必須敏感到，在體制現實與治療理想之間所存有的既定落差，可能會如何影響自己在治療中的狀態與決策。

筆者實際的經驗是自己某方面也如同成員一般，必定會遭遇到評估會議進行過程中被質疑、同儕競爭與監所評價之壓力，以及一旦出現再犯新聞事件時，所帶來的士氣衝擊，還有社會整體的質疑氛圍。

簡單來說，監所內性侵加害人治療的現實環境，其實是很挑戰一般心理治療所看重的保密原則、信任與接納之態度，特別是精神分析治療看重的自由聯想。若沒有覺察到或是不自覺地否認此現實的影響，很有機會對成員的否認反應或自己的治療成效，展現出相對嚴厲的態度，因而更缺少處理的彈性。

第二個元素是，對於人的欲望滿足傾向之感受。欲望滿足是基本人性，像是老婦為了生存而拔死人毛髮。但對於身在監所情境之中的性侵犯而言，他們有欲望滿足之傾向這件事也很容易被放大檢視與批判。像是不少成員都反應過，在監所日常生活中，會被其他犯行的受刑人以較嚴苛的標準來對待（像是會指著性侵犯的鼻子說：你是香蕉耶，還想要求東、要求西？）。

　　在團體治療中的否認行為背後，可能存有的欲望滿足傾向（例如：想假釋自由、想被看得起、想處理對被害者的情緒），除了被指責或壓制之外，是否還有其它更能促進自我成長的態度？或是對再犯預防成效更具建設性的作法？這部份的經驗可能會因為治療者的個人特質，或是治療取向而有不同的發展空間，但相信不同的特質或取向都會同意一件事，如同製藥廠的廣告台詞：「先講求不傷身體，再講成效。」我們也許都得先留意，治療雙方在治療過程中，可能因為遭遇到挫折而累積的恨意情緒。

　　第三個元素是反向的認同。如同羅生門故事中的家僕，原本像是在阻止老婦的犯行，卻在聽完老婦的言詞之後，不自覺認同了老婦的觀念，合理化道德缺陷的環節，因而發展出自己的犯行。

　　筆者本身曾經遭遇過的狀況是，成員的判決犯行內容不算太過於嚴重，但在治療中展現了全然否認到底的態度，並認為治療通過與否，一切都取決於治療者相信與否。該成員在團體之中，除了本身案情外，其他相關討論都十分投入且思考深入，容易讓人感受到該成員的成長與改變。

　　在面對此令人矛盾的否認困境時，筆者在心裡或在團體中都周旋地相當辛苦。在與此困境周旋時，時常想起過去參與再犯預防處遇計畫的繼續教育時，吸收到的

行動劇本（working script）概念。該概念是說：「......加
害人表面是衝動性的，但卻在『腦中』重複幻想
（rumination）很多次，因此是完整、仔細的計畫
（well、carefully planned）。這是一個行動劇本。這類的
自動化（automatic）衝動會因任何監控操作介入而打
斷。相對的，任何的妥協都會強化（reinforcing）他偏差
幻想性行為，使加害人更固執在行動劇本......。」

筆者的好奇是，除了過去的犯行背後有所謂的行動
劇本存在之外，眼前成員一再展現的否認行為，是否也
是個行動劇本？若有可能是，那麼我們除了要小心，不
要輕易妥協，而強化其偏差幻想之外，如何的介入可以
有效打斷這自動化，且不會因此累積過強的恨意？

另外，眼前的否認行動劇本與過去犯行的行動劇本
之間，是否也存有某些關聯性可供運用？接下來，筆者
會藉用精神分析關於幻想的理論觀點，來拓展這部分的
思考可能性。

一部多重入場的劇本

在拉普郎盧（Laplanche）與彭大歷斯（Pontalis）所
著的〈原初幻想：起源的幻想，幻想的起源〉一文中（參
考沈志中所譯的《幻想與無意識》），用了相當多的篇幅
談論幻想的多元層次，包括全然無意識的原初幻想、有

意識的白日夢或是曾經有意識的幻想、白日夢，而後被刻意遺忘並經由潛抑才落入無意識。該文除了提到這些幻想層次的區別外，也提到所有幻想的一致性，乃在於它們是混合物此一特徵。在此種混合物中，儘管處於不同層次，仍可見到其結構性與想像性。

　　是否透過分析治療的進行，有機會能夠在虛構故事的多變性之下找出典型、重覆的劇本？若將上述論點用來對比行動劇本的概念，我們在聽成員的故事內容（無論是犯行記錄或是否認論述）時，除了侷限在真實與否的困境之中，是否也可以更敏感於成員描述的內容或方式之中所透露出來的典型模式？並藉由這些象徵模式來協助建構犯行風險的概念化？

　　該文也提到，儘管佛洛伊德很早便發現幻想既可為無意識亦可為有意識，但他不像其他人用「phantasie」與「fantasmes」區分「無意識幻想」與「有意識幻想」，而是終其一生著作均執意使用相同「phantasie」一詞。因為佛洛伊德欲證實的是一個深層的關聯性：「變態患者那些明顯有意識的幻想（在有利的條件下，它們可轉變成有安排的行為）、妄想症患者的譫妄性疑慮（它們被投射到他人身上，而且帶有的敵意）、歇斯底里患者的無意識幻想（可經由精神分析，在他們的症狀背後發現），所有這些形成物在內容乃至細微的細節上均互相吻合。」

　　現在讓我們回到團體當下正在發生的否認樣貌，與

過去犯行的行動劇本之間，是否存有某些關聯性的問題
上。在上段提到變態患者那些明顯有意識的幻想（在有
利的條件下，它們可轉變成有安排的行為），筆者認為
在概念上，有些接近再犯預防模式中的犯罪循環歷程，
或是過去犯行的行動劇本。而妄想症患者的譫妄性疑慮
（它們被投射到他人身上，而且帶有的敵意），似乎比
較接近治療當下在成員與成員、或是成員與治療者之間
的移情經驗。

　　在面對成員一再重現的否認困境時，我們或許可以
著墨在當下的移情內容，來對比被其所否認的犯案歷程
中，是否存有類似的象徵模式，輔佐我們建構或推測其
重覆的機會與危險性。或者我們是否可能透過直接針對
移情工作，來鬆動過去犯行的行動劇本？

　　除了對過去犯行描述與否認的方式之外，筆者的經
驗中，對於成員在監所內的違規行為也可能是可工作之
處。像是談論自己或他人的違規狀況、否認自己或他人
的違規行為等等，也許都存有類似的重覆性模式在其中，
可供應用思考。像是常見的藏菸、釀酒、口角或肢體衝
突等等，都可能有些重要資訊可供我們評估其在法律限
制下的欲望滿足、暴力攻擊等等之樣貌。

結語 ──────

　　佛洛伊德在《文明及其不滿》一文中提到欲望的幾個命運。第一是直接獲得滿足；第二是被昇華；第三是有條件的節制。這一方面能夠帶來文明的進展，但另一方面也會有因為本能被壓抑後的不快樂，以及恆常的焦慮與抑鬱狀態。成員過去直接滿足的樣貌大都伴隨著犯行風險(性暴力或物質成癮等等)，就算他們心裡也清楚現實風險與代價，但這類直接滿足的方式對他們來說熟悉又強烈。治療想要說服成員放棄直接滿足是需要面對相當高的難度。純然藉由認知教育的方案引入來處理，也會進入以為可以強迫他人昇華的困境之中，即使內容再怎麼完善與全面，是否也會增加理想與欲望之間的矛盾衝突，導致較堅實的否認出現？筆者假設，如果治療者與成員兩方各自的欲望樣貌，都能有機會在治療當下被適度覺察與尊重，或許會讓否認困境的處理，多些人性與彈性的存在，降低走入僵局的機會。這部分想法也有待後續工作者的經驗來驗證。

彭奇章/

治療關係中的第三者：評估

　　心理治療是非常需要安全感與信任感的工作，也因如此，多數個案對於治療者心中是怎麼看待自己的就會十分敏感。無論是一般的民眾個案或是監所內的個案，都是如此。治療者怎麼想怎麼看，對個案而言就是被評估。但監所內性侵加害人這類個案比較特別，他們除了面對治療者心中可能的評估之外，還要面對體制上要求另一群專業人員的評估，而且這份評估還牽涉到能否申請假釋。絕大多數治療工作者的經驗都會發現，評估帶來的焦慮與衝擊，占據了心理治療大量的空間，猶如芒刺在背。本文嘗試用家暴加害人的團體經驗，來與性侵加害人的團體經驗做比較，希望透過交互比對的方式，更進一步認識評估機制的影響樣貌，為後續無論是治療策略或是制度研擬的可能變革提供一些參考。

　　評估機制其實是涉及多個層面的。首先是戒護與教誨體系會規律地記錄與評估，受刑人在監內生活的種種表現，包括違規記錄、工作態度、人際關係、會客頻次等等的資訊。再來就是進入團體治療一段時間之後，治療者會依據本身的治療信念，以及成員在團體中的表現來進行初步評估，並將評估內容依循矯正系統制定的格式完成書面報告。

　　接著在定期舉行的評估會議中，呈現上述兩部份的書面資訊。同時間治療者必須進行口頭報告，並由評估小組對治療者提問與澄清部份資訊。最後再由評估小組進行不記名投票，最後的票數決定成員的治療通過與否。而每位評估委員也都會留下自己的建議（無論是投下贊成通過，或是不通過），再由教化科行政人員於事後，將評估結果與相關建議告知治療師。

　　雖然最後決定權是在評估委員的投票結果，但治療者在準備提出受刑人的報告時，也會帶入自己的觀點，可以看成是第一階段的評估。也因為如此，這樣的治療關係注定具有其特殊性，很難以一般心理治療的觀念來看待。

　　治療者同時具有評估與治療的色彩，也讓團體成員的自由聯想不太可能會有多自由的空間。正常人都會因為牽涉到現實上的重大權益而顯得十足防衛，遑論需要評估的受刑人。同時間，治療者也一定會期待成員能夠

漸漸克服被評估的壓力，多著力在自身的性格情緒狀態來工作。但可以預期不太可能有如此理想的狀態。

經驗中最眞實的歷程就是，持續遭遇到成員小心翼翼之發言（或沉默、或被動、或正經八百……），以及難以承受這種被評價的壓力，而湧現出憤怒攻擊。積極一點的會對治療者與體制進行全力撻伐，消極一點的就變得自暴自棄，最多數的狀況是來回擺盪在兩個極端之間。除非整個治療與評估體制未來會有所調整，否則這類歷程是不太可能避免的。

如果有最理想的制度和方式當然是最好的，但是一個問題的解決有它的可能步驟。因此就算我們想以精神分析在診療室裡的經驗，運用在這個犯行者的處置時，自然是有不少不是那麼理想的條件。當然可以說我們就完全不用精神分析取向的角度來想這些問題，但是否有可能在逐步謹愼實踐的過程，透過精神分析的經驗和理念，找出一些未來的可能方向？

雖然這種方向由於是在監所裡，有無法避免的結構因子的影響。不過如果在這個過程裡，盡量不是以我們想要讓犯行者可以被假釋的比例，作爲精神分析取向思考的標的，也可以讓我們能夠有空間來探索處置的方式，也就是，由評估委員會做主的決定。只是在團體裡是不必然一定要說服成員，說我們是完全不涉及評估，因爲這幾乎不可能是實情。涉及機構效應以及治療者的欲望

等，很難說真的不想幫助成員。

雖然如前述，只要有想幫助成員的欲望，自然就容易讓治療者陷在不希望失敗的反應裡，但是就內在世界的探索，要讓成員可以自由表達的話，治療者的欲望依據精神分析和精神分析取向心理治療的經驗都是會影響成員，是讓成員不易自由表達的因子。雖然治療者是居於善意才會如此，不過治療者如何讓自己可以做到節制欲望，也是需要一些經驗的累積。畢竟這雖是一件老工作，但是如果要有新想法是需要在這些基礎上，慢慢做累積經驗和交換經驗的過程。

延遲評估的態度

有時候站在這類型治療者的位置上，似乎是需要一些分裂的能力。是否有可能在治療時先將評估的眼光放一邊，專注地從事心理探索與移情觀察的工作？為了方便討論，我們暫時稱此狀態為一種延遲評估的態度。

首先，這會是個有點難度的態度，也會因為不同治療者的特性而有所差異。再者，即使當治療者進入到專注探索與思考的狀態時，團體成員也不一定能夠有所同步，甚至會持續提醒或挑戰評估的存在。但經驗上來說並未如此悲觀，即使上述的狀況是常常發生，我們還是經驗到不少時間是，整個團體都進入到較深層的彼此思考狀態中。深切的情緒能量與自尊羞愧間的情感衝突，

都很常在團體中被經驗到。

　　治療者往往都是在團體結束一段時間之後，透過自行沉澱、或是同儕討論、抑或是督導回饋之後，才漸漸將此發生過的歷程經驗好好消化，並形成心中對於成員狀態的階段評估。也就是，依據我們的經驗，雖然有前述的困局，當我們想要以精神分析取向假設的，讓成員可以自由的談論自己感受和經驗，並假設這個過程讓成員有機會接觸他們真正的內心感受，而不是在不知情的狀況下一直行動化。在我們的經驗裡就算是有困難，但是實質的團體過程，也是讓我們覺得不是那麼絕對的非黑即白的不可行。

　　隨著團體發展，這些階段評估也會漸漸堆疊累積，成為後續書面報告的基礎。這是在當前的現實結構中，看似相對理想的作法與態度。我們是保持警覺思索，是否只以假設要有最理想的情境和工作模式，但卻是把團體的處置變成很撕裂式的？只有最理想的作法，不然就是毫無用處？反而是我們謹慎地看著，我們從精神分析取向的經驗裡累積的作法，是否會有什麼明顯的不良作用？

　　如此進行的好處是，經驗告訴我們在這樣的等待與觀察歷程，確實有機會讓團體成員體驗到相對自由的心理狀態，能夠嘗試信任團體、治療與社會體制，而非持續對抗。而這樣的心靈自由經驗，是否就真的能夠幫助成員，未來不再侵犯他人的人身自由？目前還屬於假設

性思考的階段，需要未來有較客觀的研究機制來檢視。

　　相信這部分的研究會遭遇到的現實難度，甚至可能
比現行評估與治療共存的治療問題還要困難。但是社會
問題不會因為治療性研究發展的緩慢而停下腳步，治療
人員無法因噎廢食，還是得在此困境中持續思考與嘗試。
這是我們常強調的，我們是抱持著這種態度來處理團體
裡出現的種種難題。我們假設處理和解決團體裡出現的
困局而無法更自由地表達，也是反映著成員的內心裡的
某些困局。這些困局和未來行為的關係是否會因此而減
少？這又是另一個課題。因為這也涉及了一些疑慮，是
否有些人說了之後更會去做？而有些人是說出壓力後會
減少行動化？

　　另一個延遲評估的態度可能會遭遇到的困難就是，
〈衝突與啟迪的相交會〉一文中曾提到的：團體間公平
性問題。有無採取延遲評估態度的團體之間，很有可能
就會出現成員被評估通過的時間，是否會有快慢差異的
問題，成員也會因為自身的焦慮程度，或多或少受到這
些比較消息的衝擊，出現更多的拉扯，也帶給治療者更
大的挑戰壓力。

　　這部分筆者的處理經驗至今會偏向，更聚焦在特定
成員的焦慮涵容上，因為隨著工作時間的拉長，會發現
不同取向治療風格的團體之間，在評估通過速度與通過
率上的差異，似乎沒有原本預期中的大。這也許得歸功

有評估小組的機制存在，他們像是成爲另一個胃，也在
另一個層次去判斷與消化，可能來自治療者的焦慮因素。

治療者的被評估經驗

　　老實說，身爲一位治療者在評估會議中，經歷到的
身心煎熬不會比在團體治療中所經歷到的少。筆者常常
會經驗到的一個現象就是，自己覺得報告得很充份，但
委員在提問與澄清時卻常常讓筆者感覺到，他們好像沒
有聽到或聽完剛剛的報告內容，甚至會有報告內容被明
顯誤會的感受。

　　初期，筆者常常會因爲這個狀況感到生氣，覺得怎
麼會有這麼大的落差存在？但當筆者慢慢注意到，這個
經驗不是只有發生一兩次，也不是只有一兩位委員有過
這些反應之後，才開始思考造成這現象的原因何在？

　　筆者認爲其中一個主因是消化時間的差異。試想，
治療者與團體成員要工作到可以進入評估會議的程度時，
往往都是已經共同溝通思考好一段時間之後的事情。除
非是極短刑期者，不然少則一年、多則數年，是在這樣
的過程中才慢慢堆疊出治療者心中的評估樣貌。

　　但是治療者在評估會議中，卻必須在很短暫（數分
鐘）的時間內將這些歷程與樣貌給呈現出來，即使治療
者已經事先擬定稿件，也盡可能地如實呈現，這部份的

資訊也都是相當凝縮的結果，治療者會以為自己心裡很清楚，但從自己口中呈現出來的內容卻未必是同步清楚的，而報告當下治療者自己未必能有所察覺。而且我們也很難要求聆聽者（評估委員），因此能夠接收到相同的資訊與體會。即使評估委員都有十足的經驗與個人專業，這樣的消化時間差異還是會帶來很大的現實困難。

我們嘗試換另一個角度來看前述的現象，如果我們準備得可以讓評估者完全就只依據我們的報告而馬上做出決定，是否這會呈現其它的問題？例如變成我們是治療者卻也兼評估者？同時擔任這兩種角色也許會帶來更大的問題。

因此如果我們想要跳脫兼做自己的作為之成果評估者，而完全委由第三者做他們的判斷的話，也許這些不一樣的意見不見得是不好的，甚至可能有助於思索大家正在做的這些事是什麼？當我們的預設和評估者有不同意見時，從精神分析角度來說，不見得是不好的，因為有機會思索何以有那些差異？它的意義是什麼？

因而避免陷進我們以為我們是最了解成員的人，而忽略了精神分析的基本假設：「個案的反應是基於某些不自覺的移情而做出的說和做」，因此我們作為治療者的了解個案也都是片面的，雖然一起工作那麼久還要相信這點是很吃力的。

除了消化時間的差異之外，專業差異也是一個重大

因素。治療者雖然都是具有治療背景的專業人員，但不同治療者之間本身就具有治療取向與思考邏輯上的差異。即使再犯預防模式的術語，幾乎是每位治療者都有一定了解程度的共同語言，但治療者要將自己的治療取向之概念，轉譯爲這些熟悉術語來呈現，就會有一定程度的理解落差風險。

以上是治療者之間的專業差異，評估委員之間更是有這樣的現實存在。評估委員的組成更多元，無論是學術、法律、觀護、教誨、心理、社工、醫師、護理等等背景的專業人員，都可能成爲評估小組的一部份。他們各自會如何解讀與認知報告者當下所呈現的資訊，其實是存有很大的想像空間。

這部份的差異雖然曾經給筆者經驗到會議當下的煎熬，卻也在與同儕或督導的事後討論中，漸漸意識到此種差異存在也具有其優勢。這樣的多元專業聚合爲一個評估小組，是有些類似陪審團機制的效果。

心理治療的發展雖然力求客觀理性，但在眞實治療情境中的移情與反移情歷程是千變萬化的，再怎麼經驗老道的治療者，都有不小的機會陷入自己的盲點之中，更何況監所內的刑中治療，牽涉到比一般心理治療更複雜的現實動力因素，治療者的盲點應該更爲容易出現。而多元專業的評估小組剛好可從不同角度，來衝擊我們對成員的既定看法，讓判斷更爲謹愼。

　　以「精神分析取向」作爲一項專業，在我們有限經驗下，加上運用於這些犯行者在監所裡的團體治療，這種運用還需要時間來觀察。我們是需要累積自信，但是如何讓自信的來源，不是只來自成員的通過假釋的比率，作爲評判自己的方式，而是需要再從我們的經驗和挫折裡，思索這其中是否還有其它可以想像的？這需要我們在困局裡，仍可以維持自由猜測的能力，包括我們後來以這本書提出一些經驗和想法作爲貢獻。

自己會如何評估自己

　　在團體歷程中，有蠻多種情況會讓治療者想要理解成員是如何看待自己的。這些情況舉凡像是評估後有人未通過、評估前有人焦急地向治療者確認一些看法、成員持續批判重要他人對自己的誤解眼光……等等。筆者也常在這些情況下，自然而然地邀請成員說說自己當下對自己的評價與看法。但這經驗的結果很特別，多數情況當事人都會支吾其詞，或是避談對自己的評價，反而是很急迫地要確認治療者的評價。

　　這種情況下成員往往看起來都十分痛苦與掙扎，有種難言之隱。若是想要進一步理解這份難言之隱的原因時，常常碰釘子，甚至有的成員會變得憤怒，指責治療者說：「你才是老師，這是你們的專業，我們不懂要你們來告訴我。」

　　筆者在思索這種狀況時，首先會想到，成員可能是因為擔心說錯話影響到評估。如果是這種原因，我們的體制又能如何調整與設定？才能夠讓他們在合理的情境張力下，練習為自己負責地思考與探索？以及如果治療師如同當事者所期待的那般，也有評價者的角色，那麼我們如何宣稱，我們能夠中立地了解和幫助他們？

　　或者在做這件事時，所謂中立是不全然必要的？這是很大的冒險！因為讓原本介入這種團體時，所依據的治療基礎也會鬆動了。尤其是如果想要以精神分析取向作為了解這些問題的方式時，是不可能馬上就說要放棄中立角色，雖然這對治療師和個案都是很大的挑戰。

　　另外一個原因，是比較精神分析式的思維。藉用英國精神分析學會訓練分析師David　Black於2017年11月21-26日，應松德院區和臺灣精神分析學會邀請來台演講時提到的一個觀念。他提到，當人們無法用一種令自己或是令社會感到敬佩的樣貌去呈現自己時，會有一種羞愧（shame）的痛苦。他論述的心境是：「我用自己的眼睛看到自己，但也用別人的眼睛看到自己。也就是說，我自己的眼睛和別人的眼睛都注視著一個第三人，一個可恥的人，而他也是我。」

　　這樣的想法會讓筆者更謹慎地去思考，作為一個治療工作者，要如何呈現自己對被治療者的看法，才能與被治療者本身可能已經夠嚴厲的超我，有個相對溫和的

交集，不致於加深當事者過於羞愧的痛苦。

如果沒有評估存在

在談論了評估作為治療的第三者存在之影響後，難
免好奇，若真的沒有外在評估機制的存在，只存有治療
關係中雙方對彼此的自然評價，整個團體運作氛圍又會
如何？現實中我們無法如此操作，畢竟這有司法倫理問
題，但在監所中還有另一群受刑人是被要求接受一段時
間的團體治療，而且不需要讓評估機制介入，那就是家
庭暴力受刑人。

接下來筆者會先分享自己在家暴團體工作中所累積
的相關經驗，再以此經驗與性侵加害人團體的經驗做比
較，看看是否有些資訊可以讓大家思考，評估機制存在
與否的差異。

團體中的情緒調性

前述內容提到過，性侵害團體中成員，常常會擺盪
在小心翼翼與難忍憤怒的兩個極端之間。相較於性侵害
團體，這種日夜溫差大的情緒調性，在家暴團體則顯得
較為一致地喧鬧與憤怒。團體時常會裂解成二到三個小
團體，平行又交錯的時空；對於治療者的抱怨與攻擊亦
顯得十分直接與現實。他們會批評治療者的介入沒有用

處、只爲賺錢而前來與他們互動、沒有被關過無法眞實同理等等。

但隨著治療時程進展，團體成員的憤怒也會呈現某種質變，憤怒感受依舊，但常常會多了些悲憤，並在這些悲憤氛圍中或陳述、或投射地讓團體深刻經驗到，他們過去與衝突對象之間的情感糾葛。這些說法常常圍繞在案件發生之前，自己已經是如何地被傷害，或是在什麼樣的不得已與難忍情緒之下而傷害對方，又或是努力想修復關係並控制局面時，卻感受到被社政體制侵犯等等感受。

治療者往往不需要太多邀請，家暴團體成員就會自然而然地讓人明白到那些一再重覆的苦難樣貌爲何。而在成員呈現出自己的內在衝突後，又常會以貶抑治療、裂解團體或跳開議題等方式，拉開治療與自身的距離。

這部分的經驗讓筆者感受到，與性侵害團體之間的第一個差異是，性侵害團體的成員似乎都在防備自己，要不要眞正地被評估？家暴團體成員則似乎都在掙扎，要不要眞正地被治療？也就是說，兩者都在經驗既期待又怕受傷害的矛盾，只是趨避衝突的點不同。但這並不是說性侵害團體的成員都對治療無感，也不是說家暴團體的成員就都對被評價無感，只是在筆者的經驗中確實有著不小的比重差異。

觀念的殖入與植入

在家暴團體工作經驗中，有一個關於文化的因素令筆者印象十分深刻。家暴團體的成員很常描述在監所中的人際分野，像是先粗分為「正常人」與「怪畸種」兩大類。

簡單來說就是以好不好相處作為區分標準，而這裡的不好相處可能包括是否有精神疾病、性格偏差、衛生習慣問題等等，會在這擁擠且不自由的空間中增加他人的生活負擔。這類不好相處的人就會被歸類為他們口中的怪畸種，或被稱為「阿炮」、「阿俗」或「阿孬」等等負面詞彙。

被歸類為正常人的多數是較好相處，以受刑人的詞彙來說，就是讓大家比較好關的人。而正常人之中也有等級之分，可以帶給彼此利益關係的對象稱為「親友」，可能是入監前就熟識者、有地緣或幫派裙帶關係者、有錢願意照顧他人者、有勢願意保護他人者等等。

在監所中很常發生的一種現象是，生活中如果彼此有過節，若想順應衝動來處理此過節時，就會碰觸到是否要違反監規的猶豫？例如，是否要直接肢體衝突來宣洩不滿或嚇阻對方？如此是會被送到違規房，並且影響後續的會客與假釋權益。

在此種心理衝突下，常會結合前述的關係分類型態，發展出一套處理事情的文化，就是有親友者可以透過情感利益，來影響部分受刑人（通常是被歸為怪畸種者）

為其教訓他人，達到宣洩情緒且自己又能安然無事的結果。

　　上述整個歷程被受刑人稱為「配對」，也就是有個志願犧牲者去和一個仇家配對，發生衝突而違規。類似黑社會尋仇後，找小弟頂罪之概念。而要達成配對結果之前，必須設法影響他人的運作歷程就被稱為「燒」，是一種或勸說、或利誘的歷程。「親友文化」、「配對文化」與「燒文化」是家暴受刑人時常反應出來的生活方式，他們相信有這樣的地下秩序大家才會好關，但也因此常常造成許多弱勢者更為不堪的下場。

　　筆者曾經一度嘗試要與這類文化工作，透過說明與規勸的方式，希望能遏止這類文化的蔓延。但經驗告訴筆者，這將會遭遇到意想不到的反撲力道，無論是透過團體討論歷程的對話，或是增加配對產生違規事件的事例，都像是要告訴治療者，他們感受到治療者或教化體系試圖以一種較高的姿態，要強勢地否定掉他們的固有文化。這般「殖入」的歷程將會引起一定程度的自尊損害，讓善意都像是惡意。

　　在筆者多次滑鐵盧的經驗之後，漸漸才有機會與成員談論這段慘烈的歷程。而在此歷程中，彼此都有真實的經驗感受來對話，可以感受到團體成員也能有回顧性思考的空間被拓展出來，像是開始「植入」一些種子。這有賴未來持續的互動經驗來灌溉，也才能決定是否能

在性格情緒面，增長出新的發展可能或是維持原狀？

　　在這個如同戰後對話的經驗中，有幾個部分讓筆者印象較深刻。其一是，有成員會希望治療者給予空間，即使有人將彼此的私人恩怨或衝突帶到團體歷程之中，也希望治療者或其他成員只要陪同就好，不用太多理解或想要給予建言。因爲他們相信能夠私下兩人處理好，在團體中談論到的恩怨衝突；若在大家面前接受其他人的建言，反而讓彼此更難化解情緒。這像是在說，他們只需要有第三人在一旁看著這一切就好。看著他們是如何受委屈、爲何讓人感到委屈、自己可以如何犧牲或堅強地改變什麼等等，但是請不要插手。

　　這部分的經驗也很呼應有些家暴團體成員，對於過去社政單位介入時的憤怒情緒，如同這些合法合理的善意介入，對他們來說其實是種無情，像是否定掉他們對親人的眞情存在，也否定掉他們有處理事情的能力。雖然這不意味著，在某些時刻公權力就不需要介入，但需要知道會帶來這些後續反應。

　　其二，有些弱勢者在被「燒」到去與人配對而違規之後，有一段時間會對團體治療感到憤怒與拒絕，可能會以有精神情緒上的不適，或是認爲治療對自己不利等等理由，抗拒被提帶來團體。有的人就在這過程中流失掉，無法再回到團體（因爲戒護體系的安全考量、刑期已到、原本團體已結束等等）。而有的人會在混亂了一

至二個月之後，突然希望回到團體，並以一種虛弱且相對平靜的態度，告訴團體自己已經釋懷一切，想要重新再與成員相處，也鮮少願意再提起先前的衝突。這狀態像是成員自己在內在心理空間中，壓制或抹去掉那段既衝動又委屈的情緒記憶，而不願意讓該段情緒記憶被他人連結。

上述這些戰後對話的經驗，讓筆者想到類似樹木的概念。家暴團體成員的這些反應，似乎都期待治療者或外界他人只要記得耐心澆水就好，他們緩慢或深刻的成長經驗只會刻化在內在年輪中。或是在可能不當生長的枝葉處提供支架攀附，讓它往較不爭議處生長即可。過度的修剪或介入，對他們而言都像是會危及生命。

回到性侵害團體的經驗。過去在嘗試將再犯預防策略中，期待成員吸收的認知觀念直接殖入給他們時，他們通常都表現得十分順從，甚至主動抄寫筆記，顯得相當接受。若有人遭遇評估未通過的衝擊或焦慮，對團體或治療者開始展現出較真實的憤怒與失望情緒，也像是為治療關係「植入」一些值得發展的心理議題（像是挫折容受力、信任與情感關係、延宕滿足能力等等）。一段時間過後，若治療者想嘗試針對此類議題工作時，常有成員對於是否要花時間在此類對話上感到猶豫，反而希望治療者可以更現實地教導他們可以更快通過評估的法門。

　　兩相比較之後，會發現評估體制的存在，對治療而言，就像是殖民國的槍砲與銀彈，會讓團體成員不得不表現出接受觀念上的殖入。但對於治療更為關切的深度心理學議題的增長，則顯得不容易植入與耕耘。或像是把自己當作枯死之木一般，只求被治療工具刻削成材。

注視、眼光與高低之分

　　評估涉及到的就是一種眼光，人們正用什麼角度在注視著被評估者。在先前的篇幅中提過，性侵加害人在監所被視為下等與病態的現實是很普遍的。而家暴受刑人被提帶來參加團體治療時，也常提到類似的經驗。

　　有不少家暴受刑人都告訴過筆者，每次在工場作業時，若被工作人員點名並帶往進行治療的教區時，都會感到十分難受，覺得工場或是提帶路途中的其他人，都會以一種異樣眼光看著自己，彷彿都在說：「這個人也是犯香蕉案的（也就是性侵害加害者），才會去教區治療。」這部分的反應告訴我們，即使體制上，家暴受刑人的治療並無進入評估機制的要求，但他們也是會在特定的情境中進入到被評估的壓力。

　　家暴團體成員對這部分的經驗，幾乎是一致性地展現抱怨與反抗態度。而性侵害團體成員對於被評估的反應則顯得不那麼一致，有的人會有類似家暴成員的憤怒，有的則是順從或無感。這讓筆者聯想到佛洛伊德在「性

學三論」中提到過，關於心因性陽痿的概念中，有的男性似乎是因為受到亂倫禁忌的影響，面對較理想或崇高之對象時會有此狀況發生，而必須對於面對之對象賦予降格或貶抑的眼光之後，才較可能展現性能力。

　　這部分讓筆者思考，當評估機制以一個具有決定性的位階存在時，會如何影響治療中對於成員的性心理發展樣貌之觀察？這裡可能也對於不同類型性犯罪者存有不同的影響層面。例如，某些針對未成年、幼童、智能缺陷、低社經地位、從事被歧視之行業別等等對象的犯案者，某部分像是選擇被自己降格的對象在展現性滿足，偏偏這些對象又都是位在目前法律規定必須要加重罪責的範圍中。這類受刑人在經驗治療者身上與背後，有一個相對崇高的評估機制存在時，會帶來什麼樣的化學效應？很值得相關從業人員有更多觀察思考。

沒完沒了的評估

　　另一種團體成員常常提到的心境就是，沒完沒了的評估經驗。他們指的是，即使在刑中治療（服刑中在監獄內的強制治療）通過評估之後，出監後仍得接受社區處遇（出監後在社區的後續追蹤）。或者是刑期屆滿之前若刑中治療未通過評估，也會被評估是否進行刑後治療（出監後轉移至特定醫療單位住院治療）。

　　這些討論中他們常常表示，面對接連的評估有時會

感到無力，像是性侵加害人的標籤是永遠撕不掉的。也曾有成員談到類似話題時，在情緒極為低落的情況下，直接要求筆者回答，是否就是把他當成性侵加害人看待？當時的經驗讓筆者感到十分壓迫與膠著，好似一個人對未來抱持期待的部分，被另一個殘酷現實的部份給壓制著。

　　但值得思考的是，這種沒完沒了的被評估感受，究竟是因為體制內有這樣的評估系統存在所致？又或是本來成員自己內在，就已經是持續用著較批判性的角度在評價著自己？如果是以後者的想法來發展，也許體制中的評估系統正扮演著一個投射屏幕，可以讓成員內在較抽象的心理情緒衝突具象化、言語化。但我們也不可能忽略前者想法中的現實存在。這樣的反覆思考也成了筆者在從事這份工作時的一種沒完沒了。

　　相信這份沒完沒了的思考歷程，隨著成員出監後也會傳遞到社區處遇的工作者身上。這經驗讓筆者想到，在臨床上也有些一般民眾的個案需要較長時間的治療與陪伴，有時長達數年。這過程有時像是需要提供一個特殊空間，讓個案較為安全地釋放內在衝突，特別是那些在現實中難以被輕易消融的衝突，如同半衰期特別長的有害元素。矯正體系（負責刑中治療）與衛生體系（負責社區處遇）的接連介入，也許就像是為「性侵害」這份極為衝擊的元素提供一個特殊空間，或監控、或消融。

但對於治療成員而言，如何有可能在這歷程中這般看待
治療的存在呢？

結語 ————

　　評估的存在意義主要就是想看治療有沒有效。
上述的經驗分享也透露出一個重要的現況，那就是
在不同的體制、治療者與個案之間，對於什麼樣才
叫做「治療有效」應該存有很多歧異。也就是說，
什麼才是作爲評估治療有效的效標？目前都還有很
大的討論空間。透過目前累積的經驗，筆者會傾向
除了呈現現存報告格式中的結構化資訊外，也很需
要將報告格式中無法涵括但至爲眞實的部分並陳，
即使這會耗費更多的時間資源。另外，未來也許需
要將性侵害治療團體的經驗，與其他犯罪類型的治
療團體經驗做更多比較與分析，幫助體制思索未來
可能的演變方向。最後，成員內在心理存有什麼樣
眞實的眼光在看待自己，可能是決定成員如何對評
估體制反應的主因之一，甚或決定著他們出監後如
何感受社會眼光，影響適應的良好與否。這部分的
內在眼光如何可以在團體治療中有更多機會被看見，
也需要後續治療工作者回饋更多實務經驗來相互比
對。

彭瑋寧/

難以承受的失落

　　個案在治療室中呈現的欲求是複雜的，在加害人治療裡常見的否認或合理化現象，背後可能也有著複雜脈絡。那些無法呈現出來的、被埋藏的內容，是否也是個案難以承受的痛苦呢？治療者有沒有可能從是與非中，找到一個得以承受這些痛苦的空間？許多案例顯示，有時失控的發生是在自己以為控制得很好的時候。也許這樣的現象揭露出，人對真正的痛苦可能是視而不見，但卻無法逃避被影響。在治療中，我們如何避免這樣的視而不見？治療者的工作方式除了給予建議，還有其他的可能性嗎？個案在經歷怎樣的治療歷程，才能夠真正承受痛苦或所謂的獨立？讓獨自承受不會發展成危險的心理狀態，而是享受孤獨或從痛苦中成長？這在思考治療目標時是個值得繼續關注的議題。

是找藉口還是無能為力的掙扎？

　　矯正的目的是希望在心理治療中，成員對於自己的犯行會去了解爲什麼，進而能控制自己不再犯。這與精神分析取向心理治療的期待不全然相同，卻是可以相互呼應的，希望個案能領悟自己處於受苦的某些脈絡，生長出不同的心境，而對同樣的困境有不同的感受。雖然就外在的現實來看，性侵加害人的犯罪，表面上比較容易感受到他們是爲了私慾，不論是發洩情緒的暴力，或剝奪財務、身體而做出某些壞事。但在他們實際說出的故事中，卻常有一種他們是不得不的感受，好像除了明顯的外因，還有某些難以言喻的潛在動力。

　　在整個處遇的過程裡，當我們觀察到並假設，這些犯行者有某種潛在緣由，並不是表示我們要漠視和否認行爲本身的違法和對他人的傷害。目前社會大眾對於處遇這群犯行者的態度是矛盾的，希望他們最好消失，因爲難以完全了解他們的欲望本質，對於要改善他們的傷害行爲也認爲是不容易的事。因此在難以消除他們的行爲，連帶的更像是希望他們就消失在社會裡的期待下，我們進行這種團體治療時，工作起步就充滿了難題。

　　成員 L 描述同居人拋夫帶女來和他同居，並很想與他結婚，但自己希望同居人能有些改變再結婚。但同居人都沒辦法做到，同居人剛認識之初還想把

女兒介紹給 L，L 斷然拒絕並說年紀太小了。後來
住在一起，同居人女兒仍對 L 表達想在一起的意思，
L 不確定那是學習到錯誤賺錢的方式、援交還是什
麼。在與同居人爭吵後的一晚分房睡，同居人女兒
又跑來 L 房間要求同睡，便發生此案，L 後悔並疑
惑自己明知不可做但還是做了。

　　還是先從被說出來的故事著手，我們的工作經驗讓
我們很難完全採信他們說出的故事的歷史事實，這是由
於說故事的型式本身，對於要理解心理問題本質就會存
在的侷局。不過要和這些人進行心理學的工作，就得從
這種侷限開始，但是又不能被完全侷限在被說出來的故
事本身。也就是要嘗試在被說出來的故事之外，再想像
言外之意和其它潛在的心理因素。雖然要真正解決這些
犯行者所衍生出來的問題，得有社會、家庭、心理，甚
至是政治的多重層次的處理，只是我們是先將作法聚焦
在心理學的課題，尤其是著重在精神分析假設的潛意識
心理學。

　　就現實層面來看，對於 L 所做的描述，確實有些矛
盾可笑，若覺得不好就不要做啊？知道違法還去做？但
愈是常見的矛盾困境愈需要我們正視。往往個案並不是
不知道為什麼去犯性侵，但常聽到的說法是將原因往外

丟——當時就是酒後亂性失去理智、對方未拒絕或日久生情、對方誘惑……，這些說法都傳達出不得不的感覺。

這種不得不的心情，不是指個案認為這樣違法的行為就是必要的或就是對的，而是呈現出矛盾的情結，對個案而言也可能是一種想改變的狀態，只是調整並不是件簡單的事！當我們覺得這是一個錯誤時，我們同時也陷在這樣的錯誤裡；越提醒自己不應該如何，相對的在心裡有個想如何的力量，這是很需要繼續長期工作的部分。我們希望個案理解犯案的原因，但是現實的運作上，對原因的理解有時成了個人合理化行為的安慰劑，或是另一種極端地被當成是無法擺脫的命運。

對於被期待要對他們有更多了解的治療師而言，這種不得不的的說詞，既然是常見的現象，很容易被當作只是他們狡辯的託詞。也許在法律面需要從這個角度來處理，但是我們的介入，和審判是有不同的目的，如果我們也只沈浸在這個現實的思維時，我們的工作就只能變成是說服犯行者不要否認事實，或要他們體認，就算是不得不也得要學習忍受。

只是這些工作邏輯是否能幫忙他們脫離困局？仍是要被觀察的，不過我們是試著從這個基礎上開始另外的想像。也就是他們說的不得不，是指什麼呢？只是表面故事的推託之詞？但是如果是他們常說的語詞，是否這種共通性裡另有其它值得再想像的內容？是否另有其它

不自覺的潛意識動機可作為處遇的基礎？雖然這種思考
可能不容易被當事人或社會大眾了解，因而可能被誤解
為，只是要替這些犯行者尋找其它不自覺的說詞。

　　成員B十年前曾犯性侵，以鬼神之說邀約女性以
性侵害方式施法消災。自述理解自己在壓力之下以
錯誤的方式發洩，出獄後十年自述均未犯案，並在
離婚後又重新認識現任妻子並再婚生子。個案描述
此次犯案是在工作不順，及親人生病情境下，對路
上遇到陌生女子以同樣手法猥褻並以手指性侵。自
述當下立刻後悔並感到震驚，懷疑自己是否在壓力
下就會失去控制。

　　就外顯態度來看，有的個案是很想要改變，對於重
複的命運希望得到解脫，但是從什麼解脫出來呢？飢餓、
性和攻擊是大部分人認同的基本欲望，最大的困惑是這些
基本的人性需求，涉及的是如何滿足？或者以什麼方式
不會造成冒犯他人的滿足？最簡單的說法，是如佛洛伊
德意圖闡述的昇華機制，這個語詞已經是常識了，但
是，何以成為常識的語詞，仍無法完全讓人的世界裡種
種犯行就不再出現呢？我們相信不少人早就放棄這種期
待了，因為從人類史來看，這些犯行從來不曾消失過，
就算是文明的國度仍是會出現。所以這是不夠文明的結
果嗎？

　　這可能是我們過於理想化昇華概念，由於不如預期而帶來挫折反應。作為心理學的工作者，不能天真地無視困難，但是如果只沈浸在挫折裡，就什麼也無法思考了！我們面對的犯行者在外顯上是隨時挑戰文明的，但是佛洛伊德在〈文明及其不滿〉裡討論，基本欲望是無法被完全消滅的，這是基本的想法，也是我們開始工作的基礎。我們無法天真地認為忽略或改變人性需求是容易的事，但也不要一出門就被挫折佔滿。畢竟，佛洛伊德從人類歷史和診療室經驗來看，文明是無法完全消除本能欲望，甚至文明是帶來欲望會不滿的緣由。但人類的歷史是不得不往文明的方向走，例如，相對於衝動的行為來說，「精神分析取向」以說話為主，就是文明的成果之一 —— 只是仍有它的侷限性。

　　成員Q的案情是多次的暴露行為，在還未進入治療的一次評估裡，很主動積極地談論自己的犯案過程並希望尋求幫助，表達出希望停止暴露的動機。在這單次的接觸裡，治療者感受鮮明的不是個案想要停止暴露的行為，因為個案描述暴露情節時，仔細又帶著興致，反而像是個案強烈想要與人有連結，卻又有不合時宜的突兀感，也有著像是被話語中的暴露，而非暴露行為驚嚇的感覺。這樣的個案是想從改變暴露行為或想從孤單中解脫嗎？

上述涉及「看和被看」的深度心理學，理論上是從生命早期的經驗開始探索，但難題是暴露而被看見以及看見觀眾的反應，結合起來增加了行為重複的強度，光靠知道生命早期的經驗，以及純粹行為的自我節制，就要達到改變，的確是不容易的事。或者說有些暴露者會減少暴露，但難題在於是否能夠從這些改善者身上，得到可以運用在其它類似者的經驗呢？這是一個還值得摸索的課題。

容易陷入的虛假或對立的關係樣貌

在目前評估的觀點中，歸類於這些不得不的想法，是以合理化的藉口和扭曲的認知來辨識，我們找出來後就可以協助個案調整這樣的想法？我們其實感受到多種複雜的欲望同時存在個案身上，並非知道就可以輕易改變，畢竟會需要當事者以合理化的方式，來重構他們身上發生的故事時，就意味著他們在意識和潛意識裡知道那是有問題的，因此需要合理化。

需要再深入的難題是，合理化畢竟算是高功能的心理防衛機制，而會再出問題就意味著合理化的過程，仍有其它不被自覺的漏網之魚變成行動的來源，甚至當他們的合理化機制的運作只是事後在替自己解釋犯行時，犯案當時的心理機制可能是更原始的心理需求！

但是藉由分裂機制而呈現的兩極化（請參考蔡榮裕著《不是拿走油燈就沒事了：「精神分析取向」心理治療進階》第十二堂）（無境文化，2018），讓問題變成做或不做的深度心理困局。雖然做或不做好像只是在估算後做出一個決定，但是當我們沈浸在這個二分法的問題，而左思右想難以決定時，就意味著那不必然是意識上的了解就可以馬上有作用，因此，如果我們只停留在他們的合理化機制本身，可能就會忽略了更深沈的心理，而這樣的複雜性常常會從個案與我們的互動裡展現出來。

　　成員 L 自述：國中畢業後和幾個要好的朋友一起混，朋友與別人有爭執，我與一群朋友共同幫腔，我沒動手只是在場，就被關很久，出來想重新開始……。其實我應該是還沒準備好，但她一直要來找我。我想先定下來存錢，但和她在一起卻一直花錢，兩人關係變成互相牽制。她想結婚但達不到我的標準。他女兒跟我們一起住，可能有在援交什麼的，就也說想和我睡，我一開始都拒絕，現在覺得自己要堅定立場，避免和混亂的對象交往……。我在舍房或工場大多都是這樣，很多東西我來做或是訂一些規則什麼的，後來大家也慢慢習慣，因為我做的是對的……。我覺得出去就是先工作穩定後再交往成家，避免出入複雜場所，避免交往複雜對象。

　　從成員 L 的描述可以感受到一些重複的困境，例如
生活中有很多是別人想要的，但在監所舍房團體中，可
以掌握一些權力的狀態。而這些也同步在團體的互動中
發生，有時 L 會覺得老師期待著他怎麼做，或是呈現人
際中與互動的對方不同調的部分。團體其他成員也回應
的很少，有的成員覺得 L 說得很對，似乎也感受到 L 的
某些權控。個案在討論案情中明確的說自己做錯了，也
覺得自己將過錯責怪在同居人或被害人身上是不對的，
但個案這樣的說法到底是真心認錯，還是只是重複著害
怕自己做錯的表現？或是個案重複著要訂規則拿到權力
的表現？行為背後的動機原本就是複雜的，也許這些都
有可能，而治療者的困難就是在評估之下，如何看待這
些可能性？

　　更困難的是，當個案覺得自己已經說明案情及改變
自己的不當想法、做了應該做的改變時，個案期待著被
肯定及被評估通過，這時的治療者必定承受極大的壓力，
卻也是加害人治療的重要議題。在現實的壓力下，治療
師是否還有能力將我們所見所感回應給個案？也就是治
療師與個案一起承受這份承重。或是會在這樣的關係張
力下忽略了這些複雜性，只是單純的以個案說出的故事
和說出的話來決定治療是否結束？這樣會不會也形成了
個案帶著其他的複雜性，繼續單獨的與外界碰撞著？

　　但只是想法上的想要改變，或者只是在目前的情境下可以克制，但是回到外頭的複雜環境，加上潛在的欲望相互碰撞，即會再激發出超過理性能夠掌握的範疇？作爲治療者要對這些不確定性給予多少的份量呢？尤其是在涉及未來是否再犯的課題上？

　　面對一些個案錯誤／扭曲／合理化的想法時，以 L 爲例，通常我們會想要告訴 L，他否認犯案的欲望，且扭曲爲是被害人與同居人促使這案件發生，L 忽略了自己在其中仍有決定權。但這樣直接地告訴 L，往往得到的結果是否認，或是因爲要通過假釋而不得不認同治療者的說法，這些情況形成治療師與個案之間對立或是虛假的互動困境。在性侵害治療裡，這樣的困境像是一個必經的困境，若治療者在此時進行假釋的評估，是否就陷入了個案的投射性認同，變成我們是相互對立的，或是我們之間是虛假的互動？

　　是否這時並不適合進行評估的考量，反而有個可能性值得被思考，就是在這樣被評估的制度下，個案可能是從反覆經驗這樣的對立或虛假困境中，開始與治療者的眞正關係，個案才有可能出現超越要被評估的焦慮心態來談論自己，而不是爲了什麼表面目的去說自己的故事。當然這樣的狀態常常是變動的，出現一下子又消失，回到比較現實的層面，例如，爲了評估要說幾分眞話？若說分裂機制的兩極化現象是這群加害人常見的心理機

制，從他們對於自己犯行的描述，這個反覆的歷程也許反而有機會讓個案能夠自由地談論自己，讓承認與否認之間離得不再那麼遙遠，可以在兩極中間的光譜自由遊走。雖然這種經驗對於未來是否再犯的關係仍是需要再觀察。

我們假設，個案對於犯性侵害案件存在著他們本身不清楚的原因，但談論這些原因，以「我告訴你你錯在哪裡」，或是「我和你一起理解怎麼錯的」，這兩種態度帶給個案的感受是不同的。在我們直接告訴個案錯在哪裡的時候，個案的自我強度若是足夠，可以朝向修改自己的錯誤方向修正；若是個案的自我強度不足，就會朝向將這些令人難以承受的指責投射出去，分裂成和自己無關。因為自己處在中間地帶，想要做又做不到，或者想要又要不到，都是令人難以承受的感覺。這種感覺往往在不通過假釋評估程序時特別明顯，但也可看作是促成個案理解自己的開始，也包括治療師對於無法協助個案通過的罪惡感與無力感、個案對於治療能否改變的擔心與失望，這兩方的處境形成僵局並產生焦慮，確實是困難的時刻。

若忽略或逃避上述現象，而無法討論對於不通過評估的感受，往往會讓治療者處理這些犯行者時，產生無形的重大壓力。

這種現象就精神分析來說，是分裂機制的心理運作，

結果是讓問題變成了做或不做的選擇。就外在現實的法律來說，做了就是犯罪了。因此理論上，照現實原則的衡量，是沒有做或不做的問題。但是當做或不做卻變成犯行者的心理掙扎時，就不再是那麼單純，難以只以現實原則的說服就可以奏效。

這是因為這種以矛盾作為表面的現象，容易被誤解為，既是矛盾那就看清楚矛盾的雙方是什麼，然後不要再矛盾就好了，而忽略了就臨床經驗而言，這種矛盾只是表面的，更困難的是潛在的兩極化想法，和感受這種兩極化現象是分裂機制的作用。在這種作用下，兩極端之間是難以相互交流和溝通的，也就是做或不做的兩極化二分法，潛在心理是更深沈更難以言說的素材。因此使得我們如果只在說得出來的內容裡工作，就總是會顯得格格不入的感覺。

由於難題仍在那些難以言說的內容，是否有機會被意識化？或者意識化了就能減少這些犯行嗎？這仍是一個開放的課題。也就是，當複雜的心理課題被簡化成，行動上的做或不做的二分法時，表面看來好像是直接處理問題，卻因為忽略了被化約成，做或不做的二分法的命題時，常讓真正的欲望被遮掩掉了，而那些欲望變成邊緣的力量在悶燒著。

虛假與對立之外：沉重的無力感

　　個案H在團體中對其他成員的回應，呈現好幾次重複的互動方式。被回應的成員會感覺被刺傷或不知如何回應。針對此狀況的討論時，個案提到的卻是其他成員坐的位置距離自己較遠......，其他成員為此馬上調整椅子距離，接近個案。個案似乎很想靠近大家。個案也提出認為自己應該可以通過假釋的評估，但現實是他沒有通過評估，之後他對治療者提出質疑。例如，為何最近的治療時間常遲到，因為感覺不受重視，不被信任，並且覺得被拋棄，覺得自己因此自暴自棄不想改變，因此只能靠自己鼓勵自己。詢問個案是否曾有類似感受，個案說有很多事情都會這樣想，提到大家都希望通過評估，沒通過的那種人是比較不好的，希望自己不是那樣的人，評估沒通過讓他覺得不知道自己是怎麼樣的人，不知道別人怎麼看他？

　　H重複的模式是，在經歷失望或失落的感受後，常以攻擊或抱怨他人，或更依自己的方式去行動。也許想要但沒有得到的狀態，是個案焦慮而想要避開的。治療中有機會請他試著去談論，當經歷失望或失落時，他如何轉變為攻擊別人或自己？

　　在團體治療裡，治療師被成員們投射「是可以決定他們是否能被假釋的角色」。就目前運作的方式是，由

治療師提出報告，但是另有評估者小組做最後的決定。
而評估者做決定的依據是透過治療師們的報告、和評估
者提出的問題，然後再由評估者隱名做出最後的決定。
因此要說完全和治療師無關，也是有點問題的。但是當
治療師被沾上和假釋有部分相關時，對於成員來說，是
很複雜的心情。如何誠實且自由地談論自己的感受和經
驗，就變得是很矛盾的事了。

　　前述以矛盾為表相，但潛在是兩極化的分裂心理的
現象，也會呈現在目前的團體治療模式裡，激發出很原
始的心理反應，變成表面上是不是能信任治療師、或者
要不要說出內心的真正想法、或者只說些假設上符合教
育模式下標準的態度和說詞。不過，我們相信在監所機
構裡做這些事情，這些都是很難避免的情況，不是治療
師花力氣說自己是如何中立，成員就會相信的。這是很
原始的心理反應，不是那麼容易被說服的。我們就是在
這種現實的侷限裡，逐步開展我們對這些成員的了解。

　　有些再犯的個案對於自己「不知道為何再犯了」，
或者「知道不該這樣做但還是做了」，如此的矛盾心情
是很明顯的。個案常在生命史的敘說裡，提及一些生命
早年的創傷事件，在評估中會將問題歸類於與過去相關
的原因，而假設在敘說出創傷後便可協助個案走出創傷。
但在個案身上常見的，反而是會呈現處在這樣的命運裡
無法動彈的樣貌。

　　成員P提及小時候被性侵影響目前犯案，也就是對男童性侵。團體討論時提出許多疑惑：P在小時候所謂的性侵事件裡，因為自己性取向偏好同性，所以在當時是正向的感受，覺得比較像性遊戲，這樣還算是創傷嗎？甚至有成員提出遇到受傷的事會避免讓自己再受傷或不想接觸類似的事，怎麼會變成自己去性侵別人呢？

　　這是創傷理論所帶來的困局，尤其是愈發生在生命愈早年的創傷經驗，愈容易留下覺得無能為力的挫折感，但是後來為了不讓自己處於這種無力感的狀態，可能發展出種種有力的生活，來對抗創傷經驗的無力感。只是從結果來看，後來所發展出來讓自己覺得有力感的方式，並無法抵消掉原本的無力感，這種無力感常是以是命運，無法改變的感受來呈現。

　　因為既然是命運如此，就意味著無法改變了，這種感覺讓自己的有力作為，結果卻都變成無效的方式，因而再加強原本的無力感。但是有了無力感時，只要還有一絲絲不要被完全淹沒，就會掙扎，以自覺有力的方式掙扎、或者冒犯他人而陷進重複的行徑裡。這涉及了我們對於這種深沈的無力感，要如何被了解和被感受的課題了。

　　成員R抱怨父母不夠好，甚至小學自己被性侵，
父母也不知道。之後追求女友不順利就退縮。R在團
體原以為自己能3個月就通過，對沒有評估通過感到
失望甚至覺得自己犯錯，也開始對治療師生氣，認
為治療師不夠支持。

　　我們可以想像當R說覺得治療師支持不夠時，就像
是他認為的理想的狀況沒有發生。在R的心裡可能像是經
驗著在過去家庭沒有足夠關心的感覺，生氣的潛在緣
由，可能也是R害怕面對失望下出現的反應。

　　個案形容精神分析取向的的治療師太少鼓勵他，或
者他被評估時，覺得好像是犯錯那般。在這種說法裡，
我們當然得思考成員期待鼓勵，是否只是不想面對問題
的方式？不過也值得思考的是，如果是如此深沈的無力
感，是否他們需要的是，感受到有人可以了解體會他們
的無力感，而不是詮釋他行為背後的深沈動機，讓他們
覺得被評價？這涉及治療技術的課題，不過前述的想法
只是假設，畢竟長大成人後，生命早年以來的無力感，
要花多久才會逐漸減少？以及在過程裡是否再犯，而加
強了原本的無力感，使得處理這種深沈的感受，變成一
種艱難的挑戰？

　　在評估沒有通過的狀況下，責怪治療師做不好，或
以言語攻擊治療者是常見的現象。能與個案處在這樣的

不舒服狀態裡，此時若讓個案以不要失望的心態面對，個案便無法說出對於失落的樣貌，例如感覺自己做錯事、覺得想自暴自棄或覺得被拋棄。如果沒有通過評估讓個案感覺失落，因為失落的感覺而去攻擊治療者沒有去處理失落或指責這個攻擊，可能讓個案驗證了自己確實沒有得到重視，或自己就是一個老是做錯事，是一個做不了正事的人。這樣的感受可能會加深個案改變的困難，甚至帶著恨意離開團體。

　　另一方面，改變錯誤的認知或修復創傷，其實是一件很困難的事。若是個案以為能辨識出哪些想法是錯誤的，或哪些事件讓自己感到受傷，就可以因此馬上變得不同，那只會讓自己更受挫！通常反而是要重複經驗這些錯誤的想法或受傷的經驗，從中嘗試不同的可能性，來體驗所謂的「不同」感受。不過，這種說法並不是要合理化他們再犯的動機。

　　在目前的評估中，提及個案對被害人的同理或對犯罪的嫌惡，就是希望將犯案行為連接到此犯案對自己的傷害，以生後悔之心。這部分是希望激起個案的罪惡感，進而讓個案因為罪惡感不去再犯。假設後悔可能是改變的開始，但是若在評估不通過的狀態下，個案處在怎樣的感受呢？就像前文所提得個案 H，擔心自己變成所謂的壞人，通過評估就好像得到了某種救贖，可以確保自己不是壞的人，但沒通過的心情是陰暗的，該怎麼證明自己呢？

　　因此覺得治療者都否定自己了，他還要證明給誰看呢？怎樣能讓罪惡感不是啃食自己，而是激勵自己？這些議題若沒能在治療關係中被看見及承受，對個案來說，可能在離開治療之後成了不能承受的失落，在還未改變時就失去了想像自己能變好的感受，而一直處在自己是不好的想法中。不然就是與治療或治療背後的體制形成對立，認為自己是好的、是治療體制出了問題，在這種情況下會不會才是讓人再犯的情境？

結語 ————

　　矯正機關裡的心理治療，必定帶著預防再犯的目標，實務上該如何達成呢？心理治療的專業又在其中能發揮或扮演什麼樣的角色？本來「性」是一種帶來生命的行為，但是對他們而言，可能是帶來破壞性的結果，這可能顯示了侵害行為的背後是有些痛苦的歷史。從很多的研究或實務的工作，都指出個案的人格損傷或創傷經驗並不少，這並不是說有困難就可以去犯罪，而是要負起責任並不是服刑就是負起責任。也許對自己在發展過程中沒有好好體會思考決定的那些部分，能夠有機會在治療過程中成長出來，才有機會對自己的行為負責。

　　若整個社會大眾或是矯正的最終目標，是期待
個案能夠自己協助自己，不是在外控的力量下不犯
案。在治療歷程中，可能我們要期待的是，個案有
能力回應治療者或是有自己的想法。那麼，我們又
會如何看待個案否認或合理化問題的現象呢？海耶
克在《通往奴役之路》所言：「往地獄之路由善意
鋪成。在我們竭盡全力自覺地根據一些崇高的理想
締造我們的未來時，我們卻在實際上不知不覺地創
造出與我們一直為之奮鬥的東西截然相反的結果。」
也許在治療工作上顯示的是，這樣複雜的治療工作
需要不斷地反思，以及需要督導機制來協助與累積
治療經驗的重要性。

彭瑋寧 /

〈實錄 〉
某一次加入新成員後的團體歷程

　　以下的團體歷程只是某次的一部分，我們無法
從某一次的團體歷程，就窺知性侵犯團體的全貌，
不過我們還是舉個例子作為補充，讓大家稍微了解
進行的大概方向，以及團體成員的應對方式。本書
的文字也是在這些團體的實際經驗裡所累積的想法，
而不是我們憑空想像的理念。團體的歷程已將容易
被辨識出來的個人資訊拿掉了，另外，會選取這次
團體作為呈現我們的工作是什麼樣貌，理由之一是
原來的團體有人通過評估，有人未通過評估，但因
為通過後的成員就不再參加這個團體，因此補充新
成員。我們想要看看未通過者可能會如何反應，以
及新成員參與後會讓團體產生什麼樣的微細變化？

　　這個團體治療原有9位成員，離開了4位。L1、L2 為治療者。此次新增了7位成員(K、C、G、J、E、S、F)坐靠一起，分布在L2前方至左方，一開始坐位比較遠離。

L1：我們盡量坐圓一點(用手比劃圓形)，今天有7位新成員，那再讓我們……你們互相都有認識嗎？

(**W**點頭)

M：有。

L1：那簡單的自我介紹一下。

(沉默了一下，M及W對看，M用手比示意W先說話)

W：我1工。

K：大家好，我是9工的，K。

C：2工，C。

G：2工，G。

J：1工，J。

F：5工，F。

E：大家好，我是7工，就是那個……。

L1：你是說你叫？

E：E。

S：我是12工，S。

M：聽不到，聽不到。

(**W**起身將電風扇關掉)

H：大家好，我是7工，H。

A：大家好，我是6工的，我叫A。

D：3工，D。

M：5工，M。

L1：這位同學是說話有困難嗎？聽得到嗎?

S：不是，我之前有中風。

C：老師我想請問，這個是每個星期二早上要來嗎？因為還有另外一個……

G：還有另外一種星期四的課。

C：那另一個星期四的是？

L1：那是輔導教育[1]，跟今天的不同，今天是治療團體的第一次，大家還有什麼問題可以問，大家都是第一次上課嗎？

C：那我們是要上8次嗎？2個禮拜8堂課?

W：那個應該是輔導教育，以前是6次，現在你說要8次，也許規定有改過吧！

G：所以我們這樣算開始上課了嗎？

L1：對，我們不是只有8堂課，這次是第一次，你們之前有上過課嗎？其他人呢？

K：1次，上過刑前教育[2]。

1.輔導教育：依據性侵害犯罪加害人身心治療及輔導教育辦法，身心治療或輔導教育之內容包括認知教育、行為矯治、心理治療、精神治療或其他必要之治療及輔導教育。在實務層面，加害人入監後接受評估，分類為須接受身心治療(也就是於本書中所探討的治療)或輔導教育，輔導教育通常較為短期。

2.刑前教育：就是性侵犯於判決前應經診斷有無強制治療的需要，有需要治療則應於刑之執行前命其強制治療至治癒為止，期間最長不得逾三年，2006年7月1日則修改刑前強制治療為刑後強制治療。

L2：你是K？

G：所以我們這樣算開始了，我們就這樣一路上到評估對不對？

L1：是。

G：所以我們還是要上禮拜四的課？

W：不用了啦。

F：我是第1次上課，所以是每個禮拜二早上來對嗎？

L1：是。

F：因為我們要提早一天報備的關係，如果沒說，回去會被罵。

L1：這個課在每個禮拜二早上。

L2：我再確認一下你們名字。

(L2再一個一個跟新加入成員確認姓名。K桌上有筆記本)

L1：還有什麼想要問？想要了解的嗎？

E：我不太會回答別人的話，所以如果有人用手打暗示我不懂，看不懂字，所以不太會說話。

L1：就盡量試試看，我們的團體比較不會叫你們寫作業或是其他的功課，就是邀請大家多說話，盡量去說說看自己的感覺。

L2：我們比較特別！除了K上過刑前教育，其他大部分都沒上過，那我們可以說說看來團體之前的想法和期待，其他上過課的同學可以給些回應，讓大家比較可以熟悉。通常團體要求3個原則，第一個是固定時間，這個課在每

個禮拜二早上，那希望能夠全程參與，所以盡量不要排會客跟工作。第二個是，想到什麼大家就說什麼，但是不要人身攻擊，如果有比較衝突的情況，我們會制止，但是盡量想到什麼就說什麼。第三個是出了這個門之後就不要再說，要保密，回到房舍內就不要再說了，有些會牽涉到案情和他人的隱私，這樣會影響到彼此的信任，所以請大家保密，在這裡就盡量去說，不要有人身攻擊……。

F：各位老師好，我來這裡之後，也聽很多同學說，有人上了7、8次，也有人上了30幾次。聽他們在說，我都把心中的話說出來了，為什麼沒有過？他也問過老師為什麼沒有過，但是老師也沒有回答他，所以他回工場就在說，我到底要說真的還是假的，為什麼評估都沒有過？我在想為什麼，也許是第一、第二堂課所說的，到現在所說的感覺，給老師的感覺，到了第五、第六次上課，心態像是沒有改變，意思是說既然已經犯錯進來了，但你都沒有什麼變化。他自己可能想說，我都已經把我心裡的話講出來，但老師還是不相信我。你沒有去反省，說改變這是你自己認為的，老師的想法跟我的想法一定不相同。我在想，一堂跟五、六堂自己的轉變沒有很大，這是我自己在想啦！自己做錯事情，也是自己來報到的，我在想，每個想法都不一樣，很多人報一次、兩次過了，很多同學都說，不要想那麼多……，也許你們在看卷宗跟

我們說的有沒有一樣，你們是心理輔導這個專業的老師，我在想，既然我們是受刑人進來，就要好好的沉澱，我只是知道，但是不太會說。從踏進監獄開始，我就知道錯了，女兒說既然知道錯了，就要知道悔改，聖人都會犯錯了，更何況我們只是凡人，想到都會掉眼淚，媽媽也有來看我，我跟她說盡量別來看，看她傷心我也覺得很難過，不用擔心，做錯事情就應該要接受懲罰。謝謝老師。

F：老師我想請問一下，我們現在上的是不是那個28堂課的？

L1：那我們開始治療之後，大家至少一年會有一次評估，沒有通過的話就會繼續上下去，一個月有4堂課。

F：喔……，那我弄錯了，所以是28堂嗎？

L1：不一定，一個月會有4堂課。

F：對對對，那總共會少2個禮拜，一個月有4堂課。

L2：大家都還來不及認識彼此的時候感覺大家會想先了解這個體制，要知道這裡是在幹嘛。

F：現在我覺得很平靜，剛剛被關進來的時候覺得很緊張，會害怕，慢慢慢慢適應，現在感覺還滿不錯的。

L1：所以你剛進來那種害怕是？

F：就是說，同樣的事情，你說給我跟他聽，他不是香蕉₃，但是感覺上很異常，他會觀察你，所以如果是香

3.香蕉：在監獄中對性侵加害人的戲稱，通常有些貶低的意味。

蕉，在工場都不太會講話。不過慢慢的熟了之後，會知道其實他們都沒有惡意，會覺得跟他們比起來真的是差很多，我們沒有臉去面對他們，他們也會這樣想，不夠格跟他們說話，我們都很有先見之明......，不會亂闖，休息的時候就安安靜靜的看書，讓他們在外面聊天。只是這樣我們都不會說心裡的話，沒有人可以訴苦，如果沒有人可以訴苦，像是老一輩的會說，我相信關久了腦袋會壞掉，短期的就不用說，那個思想差很多。聽老犯人說，老鳥關太久，腦袋都關壞掉。有些是香蕉，像他是性侵害，我是猥褻的也算是香蕉的一部分，卷宗上面都寫的很清楚，他說自己沒有錯，我覺得他好像沒什麼悔改的，難怪上了那麼多次，不讓自己把心放下，他還是認為自己沒有錯，像是很多新進的同學，我也是一樣，聽了很多人在說，畢竟我是最菜的，想表達的機會都沒有過......，心態沒有懺悔，沒有悔改的心。他關了10多年，思想還是跟第一次、第二次上課一樣，沒有什麼改變，但是我們人會有改變，老師是來讓我們被教化跟悔改的，讓我們可以走向正途，像你是什麼樣子的心態，是什麼樣的想法去侵犯她，當初是想什麼？你一定沒有一五一十的告訴老師，你所說的話有幾成老師會相信？是真是假只有你自己知道，那我就說得可憐一點，讓我可以早點報假釋，因為當初那種心態怕無法被接受，甚至連自己都無法接受。對不起老師我講太多了。

L1：F提到一個想法是沒有通過，想要假釋的心情會是什麼呢？

F：對對對，我相信說真的會比較好，關五年也是五年，既然都進來了就要反省，希望在座的同學能說心裡的話給老師聽，希望老師有比較好的方法讓我們能夠吸收很多，可以去報假釋，其實我說的太多了，才剛進來就想要出去。老婆帶我去報到，其實我也很想跑走，我也不敢讓大家知道，只敢讓比較好的朋友知道。她說你若以後被抓沒體力給人家關。我媽媽年紀大了，我跟哥哥和妹妹說跟她說好話，說我過得很好，馬上就要出去了，跟哥哥妹妹說跟她說，讓她可以平靜……。

L1：我在想，你讓手足跟媽媽說……

F：不想要讓她擔心。

L1：那種焦急的感覺，跟想要過的心情，能不能把它統整。

F：這個我不懂。

L1：焦急的感覺也許包括擔心讓媽媽放不下，也擔心自己出不去？

F：我沒有想那麼多，哥哥最少一個月來看我一次，跟哥哥說……，媽媽都83歲了不想讓她操心，我平常都是要上班，跟我們董事長說我要來服刑，他很驚訝，他說你出來找我再繼續做。做了30幾年了，媽媽曾經跌倒過，很多併發症都出來，哥哥說：「你出去之後搞不好媽媽都

已經不在了。」因為跌倒的關係很多病都會出來，這個
病好了換另外一個，我是不想要再操心她了，不要再被
病折磨，講到這個心裡就非常的難過。

(9：50，C四處張望)

L2：你那個是上刑前嗎？刑前有通過？

K：上了一年，後來老師退休......，就老師有變動，那就
一直到刑前的刑期結束。

L2：那你願意多說一點上了一年多半的經驗，還是有什
麼樣的體會？

K：我覺得心態很重要，這裡學到的東西老師一定可以
幫助你，讓你預防不要去犯錯，想把犯錯治療到好是很
困難的事，上課是有一些外在的幫助讓你去思考動機，
會比較了解你自己，不要再犯錯，我感覺這是最大的幫
忙。

L2：所以像是M或是其他上過的人，要不要說看看自己
的感覺，因為大家似乎好像很慌張，(L2示意W要不要說
看看)，或是H、A、D要不要說說看，M是不是想要說些
什麼？

(09：58)

M：好啦！......提到治療，醫生或者是說我，剛你們提到
這個問題，並不是說要誠實或是說謊就好，不是講了就
算了，希望大家在這種團沒有這種的想法，既然大家都
犯錯，都關進來了，那就坦白一點，看能不能有所交代，

可以有點評估讓老師看看是真是假。像是我上三年了，為什麼還沒有過？因為我沒有承認事情就是我做的，沒有辦法去承認，坦白當初說的事情，不管當初說的，不管是信任或者是不信任，不是說要真的去坦白些什麼，就是你真正所作所為，沒有必要去隱瞞。像是我，沒有好好的跟老師說過，沒有好好的跟老師承認，所以沒有通過，我沒有這樣想，我說過的話，老師不管信任我或是不信任我，沒有想什麼，只要我所說的是我真正心中所想的是正確的那就好了。每個人的案子不同，在當時的情形之下，有或沒有，摸自己的良心。

F：同學，我剛剛說的沒有在攻擊你的意思喔……

M：不會不會不會。

F：因為我們學長說報了很多次都沒有通過，因為我們進來都已經是大人了，對與錯可以自己判斷……

M：……要說出來，我內心是這樣，每個人都會在工場講這些事情，你一個剛來，跟老鳥，長刑期的，思想上有落差，要如何去說很久沒有接觸外面的世界，思想都脫節了，像這樣子的同學滿多的，所以……

F：今天是看老師的心態有沒有……，我們有沒有走向正途。

M：老師並不是普通的老師，他們是心理醫生，可以看出來你的心態是什麼。

F：我相信，你說前面他們就會知道你後面要說什麼。

M：對，你叫我承認後面，那太困難了，我已經把心中的那種話說出來，我已經安心了，老師有沒有要給我過，在當時的情形之下，你該說是什麼，就這樣，提到剛進來的同學，我不該邀請你們這個問題，案情是如何發生的，你們的案子是怎麼發生的，我要怎麼改還算太早……

F：雖然我們沒有空去一一的說出來，所以我希望下一堂課，每個人都可以講案情，人都有七情六慾，你沒有經過人家同意就……

M：如果你案子從一開始說起，2個小時有時候真的不夠用，像我說的2個小時是不夠的，重點要說到。

F：2個小時真的不夠那就長話短說，真的要說的話要說好幾個小時，說實話，不管幾個小時我們就是做錯了，沒有做錯法官就不會判我們罪。(W笑出來)

W：我覺得只要自由發揮就好，幾位新同學，有三人認識我，應該知道我的個性是什麼，當然你要作假也好，不是說要臭屁啦！我已經上第四年了，也的的確確看過，像之前有的人可能說得真真假假也過了，所以……，像是F，我覺得你第一點，你沒有自信心，第二，你急急忙忙想要通過。為什麼說你沒有自信心？第一點你一直在說自己是個菜鳥，你當過兵嗎？(F點頭)我從23歲關已經關九年了，腦袋也沒有問題啊！你說的只是自己的想法，我們在場有12位，可以說出來大家……，第二點為什麼說你沒有信心，我……前一班通過的有4個，有個有點名氣

的人他說過，像之前那個江國慶冤獄，他們沒有做錯，
而是要知道問題在哪。你今天問題點在哪裡？要如何去
說出來，今天上課要如何去說讓2位老師知道，今天犯案
是什麼樣的問題，一年以後才會評估，你的問題點是再發
生同樣的事情不會再犯錯，你了解嗎？你是哪一工的？

F：5工。

W：我自己的感覺，我前前後後總共關了7次，從來沒有
遇過一個，不會因為性自主案件就被怎樣，我相信是你
自己過度反應。不會因為性自主就比較低階，大家都是
犯了錯進來都是平等的。

G：像是說話會得罪人，其實沒有那麼嚴重啦！

W：反正你自己思考做一個準備，像我們老的，不要說
老，比較清楚彼此的事情，但是你們年輕的，不管什麼
事情都可以說，像是我們之前有個把咖啡弄倒都可以說
了2、3節課，像我，我個人的思考邏輯不同，比較愛挑
細節，在你們描述案子的過程也許有矛盾的地方，不要
感覺我們在攻擊你，只是在幫你發現矛盾，像是M說的，
沒有在攻擊。

G：就看自己怎麼去跟人家相處。

C：看自己。

G：他也跟你一樣心態，都擔心。

L1：我感覺剛剛的回應，F回應跟大家的感覺不是那麼類
似，那時F說的，大家心裡是有一些感覺，有些不舒服，

還是不確定那到底是什麼，像是有種聲音，說想法的不
同就是被打壓啦！可能不只是性自主罪名這個部分，很
多其他的不同也可能會遭到不公平的對待，其實這些一
直都存在。

G：我也覺得那是他自己的問題，一開始就拼命的跟老
師解釋，舍房作業，擔心這擔心那的，所以不被認同，
只不過是說他自己而已，別人都不會啊！別人就不會這
樣對他，那是他自己的問題。

L1：也許擔心別人怎麼看待沒有通過這件事？也許也擔
心家人怎麼想？其實有點焦慮。

G：......大部分都第一次不會過，很困難，老師你帶了這
麼多人應該知道，這也沒有什麼標準，第一線人員是幫
我們報。

M：不會啊！像我們一次就過了四個，比例也是很高
的，所以你當初表達跟你心中所想的一定有差別，會不
會表達問題很大，所以並不是說你。通過很困難沒有
錯，但是你要表達去讓老師去判定，並不是說一定不會
過，不是這樣。

（H、E去上廁所）

（10：31）

L2：S，你有聽到嗎？

M：S。

L2：你有聽到他們說的嗎？

(S點頭)

L2：聽不清楚是嗎？

S：重聽。

M：奇怪了，你以前在新竹不會這樣啊！

W：以前不會這樣不代表現在不會啊！

L2：所以你都沒有聽懂？E呢？有聽到討論嗎？

E：有。

L2：E呢? 你聽到什麼?？要不要說看看？

E：......學長啊！在工場上班啊！我也不清楚要怎麼說，為什麼......，有時做錯就是做錯，我也不知道，像做錯事就是做錯事，來一年多了，我也是第一次上課，在......我也是不像那種溝通，什麼答案，我跟他說不了解那種事情，我也不會寫，學長說「那麼笨」，所以我不會去計較些什麼，不敢說，我來這邊關起來，我也是4年，我想說，既然我也是錯了，而且是女孩子事情，既然錯了，要去改這個事情，要去改變，照顧我媽媽......，跟老師說啊！假釋啊！我也不知道要怎麼說，我就承認錯了，我也不敢跟主任說這個事情。

L2：不敢跟主任說什麼？

E：跟老師說的不敢，跟主任說，我也不懂啊！這種事不會說出來，不是說不會講出來而是不會講話這件事。

G：你是給人家欺負是嗎？

E：被告啊！叫我進來，我妹妹帶我進來。

L1：是你妹妹帶你來投案？

E：對，錯了進來……，我不會解釋。

(10：40)

L1：J聽完有什麼感覺嗎？還是現在有什麼想要說的？

J：我是感覺欺負不會有，歧視會啦，我在1工……外面有朋友，不像在這裡，重要的是如何去面對，因為我害怕，害怕從工場走出來上課別人怎麼看你，但現在不會了，我改變我的想法，我爸去醫院檢查出癌症末期，想要趕快回家。

L1：C好像也沒說很多，對於剛剛那個。

C：剛剛從新竹上來比較不適應這裡的，新竹比較好關，這邊比較不好關。

L1：所以那邊比較好？

C：對，這邊規矩很多。

L1：是說生活作息嗎？

C：因為我本身比較不會說……

G：……(笑著對C說話)

L1：你們說什麼？

G：沒有，開玩笑。

W：其實不要覺得自己不會表達，試著去表達，聽不懂的地方大家會問，像是我感覺這裡就只有吃的比較好。因為這裡比較民主，之後規矩就越來越多，模範監獄嘛！我覺得這次就當作體驗，回去準備一下，像我快要把這

裡當家了,每個禮拜就來這裡聊聊天啊!也不用看其他
人臉色。

G:你已經過半了嗎?

W:早就過了,剩一年9個月,像我們上節課提到我媽媽
跟我會客問我是不是心理有病,我在團體中就提出來討
論,有個同學就回應我說他覺得我只是缺乏關心,我就
覺得,好像真的是有這樣的感覺,但是沒有提出來討論
也不會聽到這樣的回饋……

L1:G好像想回應嗎?

G:沒有,像他們有三個人在旁邊,其他地方都沒有這麼
多。

L2:你有注意到觀察員?

G:沒有,我以為他們是來評估的。通常只有2個。

L1:像G提到觀察員是不是評估委員?像是這次也提到
一個要如何去通過,也許這個歷程來這裡上課、心理治
療……好像有個眼光在監視評估我們,我們可不可以去通
過,我不知道在這個先天環境,在這裡會受到評估的影
響,這是我們一開始就處在這樣的環境下……,我們一直
被監視那能看到自己多少?我們談到在工場或在監獄,
總會有這樣的眼光,外界對我們有什麼樣看法,我們怎
麼去面對,遇到不友善眼光像是F遇到一些事情,有可能
有其他方式去因應嗎?

L2：S？你有聽到嗎？要不要試著說看看，(一陣沉默)，你有聽到嗎？聽得懂嗎？H、A、D不知道對你們會有什麼影響？

H：都是一樣的，只是有不同層面跟不同的想法。

L2：那你會想對新加入的成員說些什麼嗎？

H：前面都說很多了，如果要講就是多發言，說什麼都可以，像我們之前有個樂隊的，咖啡的事情可以講三個禮拜，聊完之後隔了兩個禮拜再繼續，就為了一杯咖啡，所以什麼都可以聊。

L1：雖然說很多事情可以說，但是好像你也有一陣子沒有發言了。

H：我思考一陣子以後發現接不上話，再說一個風馬牛不相及有點怪，就覺得插不上話，有時候如果聊一聊有什麼，也是會接上去。

L1：A？對於今天大家的討論或新進的人，有沒有任何話想說的？

A：心裡沒有想到什麼要說的。

L1：就你自己而言，加入新成員來這個團體感覺有不一樣嗎？

(10：56)

A：沒有，感覺都一樣。

L2：D呢？

D：今天的課遇到在之前認識的同學，我跟M跟S都是，我在這裡鼓勵S多多講話不要悶在裡面，不然老師不知道你心中想的是什麼。

L1：我們團體有個習慣，就是在團體的最後會以一個人一句話結束，你可以針對某個同學的發言或是可以抒發自己的感覺也可以。那今天就一個人一句話。

G：W先。

W：就是很難得最後說這麼多，如果對老師感覺疑惑，自己又很急著通過的，我建議下一節課，就是下禮拜二可以好好的準備，像是……，像剛剛新同學提意見，不要某個人說了再對對對，有什麼就說出來。

K：剛進來，很高興來上課，因為之前有上過，覺得對自己很有幫助，非常期待。

C：今天也是第一次來上課，心裡會緊張這樣子。

G：跟他一樣。(笑)

J：第一次來這裡很高興認識大家。

F：今天能夠來到這裡認識大家、兩位老師，還有三位漂亮的小姐，是兩位。

E：第一次來上課，跟他們一樣。

S：那跟各位同學多多指教……

H：歡迎你們來。

A：謝謝。

D：S加油。

M：看到新同學，有心裡怕怕的感覺，希望下次可以有
什麼就說什麼。

　　在這次團體治療前，這個團體的部分成員經過評估
委員評估後可以通過，使得團體人數變少，因此再增補
新成員。新成員加入團體後的第一次，舊成員因不通過
繼續留在團體裡。

　　新成員對治療者提出許多問題，也想要趕快有明確
的答案，但現實是有的疑問治療者也無法提供明確的答
案，像是治療要多久、會不會通過、成員對觀察員的猜
想，猜他們可能是評估委員。這突顯治療在評估制度下
進行是不容易的，成員常是處在被面試的感覺中。而成
員對於目前正在進行的討論，是什麼感覺呢？

　　看來大都是認為來上課，雖然所謂上課是什麼意思，
可能有不同的想法，因為這個團體一直都不是用上課教
導的方式，而是採取讓成員們自由地談話，雖然由這個
團體歷程來看，在監所裡有觀察員以及成員，對於什麼
是有利於通過評估的元素，都各有他們的種種想像。在
這些情境下，這種自由的獲得並不是那麼容易，一如最
後結語時有舊成員說：「看到新同學，有心裡怕怕的感
覺，希望下次可以有什麼就說什麼。」不過這個團體已
經運用這種方式很多年了，雖然看來成員仍是說這是上
課。

　　舊成員鼓勵著新成員說話，有成員說了性侵犯遭受的不公平對待，及認為有些人不通過是因沒說實話或認錯，其他成員不盡認同並給了建議回饋，這過程像是我們在性侵治療工作裡常會遇到的困境，不同意見的雙方該怎麼說出真心話？而這真心話是能夠不傷人或被接納的？這次的團體過程，說的成員與給回饋的成員可能都在經歷這樣的挫折。

　　對於這次團體歷程，我們會假設成員們有著對於未能通過評估所隱含的不滿，至於他們會如何表達呢？我們的推論如下：如果嘗試從精神分析取向治療的實作經驗來主張的話，我們假設這次的團體裡可能有一股對於有人通過評估，有人無法通過，而帶來的矛盾和不滿的情緒正潛在地發生著。

　　這是假設，如果從這個方向來觀察團體的進行，可以發現成員們並沒有明顯直接的攻擊團體的帶領者，而是以曲折的方式表露他們在獄中的情況，因為如果從前述的假設來說，我們是主張成員會以各自的方式，處理著這些複雜的情緒，並從這個假設來推論，成員在團體的此時此地的回應方式，是他們潛在地處理壓力和挫折的某種方式。

　　這些假設和觀察對於精神分析取向的工作者是很重要的方式，不是說成員一定這樣子，但是若只聽成員描述他們未來「如果」遇見挫折和矛盾時，他們將採取什

麼方式來面對，就希望由他們的陳述裡做出判斷他們的未來會如何，是很困難的工作。雖然，當我們假設他們此時此地的種種反應，就是正在反映著他們在當刻處理壓力的方式，這不是只聽他們如何說，而是在團體的過程裡，經由前述的假設而觀察他們的實際作為。

　　雖然這只是一種主張和假設，而且不可能只由幾次團體的歷程就可以做出最好的判斷。不過，我們是嘗試提出除了成員的口述方式外，另有這種觀察的方式作為基礎。畢竟要對於未來的行為和反應做出準確的判斷，是相當具挑戰的任務，當然不可能馬上就能做出結論。

　　例如，如果他們覺得某些人被評估通過的過程是有不公平，或何以某些人不應通過，但是他們會如何處理這種不公平的感覺？這種處理方式，會如何影響他們未來在外頭覺得被不公平對待時的自然反應？但是，除了口說的故事外，讓我們想著何以他們無法真正的體會到，在性侵裡所呈現的對於受害者的不公平？或者這些感覺是被其它的方式所淹沒了？雖然所謂不公平的感覺仍是很表面的感受，是否還有其它更深沈的感受才是更具有影響力的因子，只是以不公平的感覺作為表現的方式？這都是治療者與團體成員將繼續想下去的思路。

蔡榮裕、彭奇章、彭瑋寧/

關於性侵犯的再犯課題和想像

　　在監所裡執行治療相關工作的團體，自然是被賦予國家機器所期待的目標，尤其是這些犯行者不能有再犯的行為。但是目標就是目標，不是一出發就可以馬上走得到的。在本文裡，我們談論一些潛意識世界的欲望和精神機置，如自我、超我、原我等概念，也談一些心理防衛機制。談論這些概念時，我們沒有忘記想像如何避免犯行者再犯的課題，只是面對這些複雜的心理機制仍得踏穩腳步，從最基本的了解開始。這個最基本的了解是，避免犯行者再犯的課題仍是個難題，而這是讓努力者感到挫折或不安的緣由。至於「精神分析取向」能夠在實質上幫什麼忙？坦白說，我們仍是抱持著保留的態度，雖然這種保留的態度可能被誤解為是無用的，或者是不夠積極。我們無法反駁這些說法，但是仍得站在實質運作過程裡不斷地問自己，我們真的能夠幫上這些犯行者嗎？這種疑問不是要讓事情變得寸步難行，而是在實際的操作過程裡，藉由精神分析取

向的知識和想像，作為我們觀察這些犯行者的基礎。

　　我們面對的現實和多年前已經不同了！至今一直有人在監所裡處遇性侵者，尋找可以處理的方式。不過我們相信不論是何種處遇模式，通常都是聚焦於如何避免在假釋或者刑滿出獄後是否會再犯。這一直是個難題，涉及的是目前存有的各式心理治療模式是否能夠有效避免再犯？或者這種保證能夠維持多久才算數呢？

　　因此，在目前的處遇基礎已經有所不同了，尤其是對於性侵犯的心理假設。例如，除了性本身的滿足外，還有論述強調在性侵過程所呈現的，對於權力使用的愉悅；或者是否犯行者是因為缺乏足夠的道德感；或者是對於犯案後的懲罰不夠自覺；或者是犯行者有其它的精神疾病，並受那些疾病的影響而出現了犯行。

　　不論從認知了解或道德感的問題，大致上都會是強調如何讓個案知道他們的確犯了罪，並在這些假說上要如何處理的另一種假設。不少犯行者除非是脫離現實或者是死不認錯的反社會人格者，他們通常多多少少知道要說些什麼，尤其是認錯和懺悔罪行，這是被當作基本條件，甚至被當作是犯行者有改善的證據。

　　至於犯行者要說到或做到什麼內容或程度，才會被

當作有認罪、有悔意，是足夠的懺悔？以及他們有多少
強烈動機要改變自己的不當和不法行為？這些看起來容
易執行，但是如果真的很容易，而且已有不少人一直努
力在執行和處遇了，何以目前仍是問題難解呢？這種說
法不是要推翻曾有的工作處遇模式，但我們也覺得不能
無視於目前的現實和困難。

　　或者我們大膽假設，以認知的調整和道德感的加強
作為處遇方向，是否可能面臨著這些處遇的方向，是犯
行者在監所裡反映出來的傾向？讓想要幫助他們的人由
他們說的故事裡發現他們缺乏了什麼，因此覺得他們需
要什麼想法或道德感。

　　但這種收集訊息的方向值得再思索的是，犯行者所
流露的匱乏的認知或道德感，就一般臨床經驗來說，個
案在心理治療的過程裡，如果是他們的嚴厲超我（super-
ego）作用下而呈現的匱乏，通常不見得是認知或道德感
的不足，反而是由於過於嚴厲超我的運作讓他們覺得有
所不足。

　　如果依循這個方向而假定，那就是犯行者的不足而
需要某些教育，是否可能只是重複犯行者原本就已存在
的問題？甚至增加力道使他們在現實感作用下，只是表
面服膺教導的指令而配合處遇所希望的方向。

　　但是當他們被假釋後，原本由監所和治療者擔任嚴
厲超我的角色，不再出現於個案的生活裡，他們是否可

能為了讓嚴厲超我得以運作，而做出犯行來滿足超我的嚴厲責怪？這個假設是來自於診療室的實作經驗，常見的是一般個案會做出某些不良行為，讓原我（id）的欲望發揮和實踐出來，這樣子嚴厲超我才有機會後續苛責，讓當事者感受到超我有在運作。

　　這是什麼意思呢？這是一種假設，當事者實踐原我的欲望，是指做出了和性和攻擊有關的行為，可能是想像上做的或者實質做出某些行為，尤其是具有侵犯的行為。當他們在想像上或實際做出攻擊舉動後，引出來的是嚴厲超我苛責當事者所犯的罪行。這是不太容易被理解的假設，因為這是一種潛意識的運作過程。

　　依據精神分析取向的工作經驗是，實踐攻擊舉動的人不必然是缺乏道德感或認知能力不足者。另有一類型是他們具有嚴厲的超我，由於這是潛意識的運作，因此當事者是無法自覺，也就是具有嚴厲超我的個案，他們的超我是用來責備自己的作為。因此為了要讓超我發揮作用，當事者會不自覺地讓原我做出某些性或攻擊的舉動，不過這些舉動可能只是想像上被執行，或者有實質的舉動。

　　就心理學來說，不論是想像或實質的舉動，可能會有相同的效應，都是在召喚超我出現來責備自己犯了錯。這是一種很困難理解但是臨床卻常見的循環，也就是超我的存在是要滿足自己的苛責功能，因此當超我是過於

嚴厲時就會不自覺地有犯錯的舉動。因為對於超我來說，需要有犯錯的舉動來發揮超我責備的功用。原我也是以滿足自己的欲求為目標，因此在嚴厲超我的需要下，原我自然也是不斷地實踐滿足自己的性和攻擊舉動。

這些假設和主張是精神分析取向的經驗和觀點，主要是要說明另一種可能性，那就是一個人會出現性和攻擊舉動（不論在想像或實質舉動），不必然如一般想像的，只是因為缺乏道德感，或者在認知上有所不足的緣故。但是當我們是站在這些基礎上，要運用於這些性犯行者的團體心理治療時，仍需要再有更多的經驗累積。不過至少這是另一種觀點，讓我們除了在認知和道德教育的模式外，可以另有其它方式來處遇這些犯行者。

再回到前頭提到的，何以如果我們只是順著個案所陳述的故事，試圖在這些故事裡尋找解決的方案時，常常是受制於個案的病理或病態所推衍出來的處方。但是這種處方常常更像是持續維持原有的病理舉動，而不是解決問題的方案。不過，這依然是潛意識運作的現象，不是當事人故意這樣子，因此是不太容易被了解何以如此。

因為一般來說，假設人是防衛自己的問題更多於要解決問題，尤其是那些早年的創傷受苦經驗，常是被層層防衛讓自己遠離那些創傷經驗。只是這些防衛方式常是以要解決問題的方式浮現，而讓他人感到困惑，何以

解決方案不必然能夠解決當事者的問題？

　　引進精神分析概念來思索前述現象，就心理防衛機制來說，某項行為或症狀的出現，都有潛在心理機制在運作著。當我們說潛意識的心理機制時，意味著那是不被自覺的運作方式，但這並非要替行為找理由來規避責任。通常當我們假設某些問題的起源，是來自被潛抑（repression）的機制時，當事者說自己遭受委屈的故事時，常是覺得自己是克制情緒的。因此後來出現的某些行為，是在累積到無法忍受後，才說出心理的真正的感受。

　　這種說法下，說故事者和聽故事者都會傾向認為，當事者是壓抑（suppress）自己的情緒，但是會需要壓抑時通常心中有個對象，是指覺得某人的行為和態度在欺侮他們，直到某些時候，被壓抑的情緒超過了能負荷的程度，最後才會宣洩出來。這種說法是忽略了，意識上容忍某些問題而採取壓抑的態度，和潛意識裡因為某些內在心理因子，而有潛抑機制的運作是不同的。

　　只是在一般情況下兩者常被混淆在一起。壓抑是可以找得到外顯的因子，但是潛抑機制運作時，內在心理動機並非意識可以感受得到。如果我們只相信意識層次的素材時，處遇的過程就會偏重已被說得出來的理由，作為處理的目標。只是這種傾向會遭遇的難題是，當事者大都覺得自己容忍很久了、壓抑很久了才會出現某些

反彈的舉動，忽略了會出現壓抑的現象時，可能有不被自覺的內在心理因子作用著。

也就是說，可能有某些心理衝突和矛盾，使他們不自覺地潛抑了那些內在衝突，這些被潛抑的內在衝突，被假設是造成後來某些問題的重大緣由。這是精神分析取向的假設，由於是潛意識的領域，我們的工作方式和技藝和一般人主張的有所不同，例如和主張意識上的壓抑造成的問題，在處遇策略上是不同的。本書談論的性侵者在監所的團體治療，運用精神分析的技藝時，自然會遭遇很多的挑戰，但是我們從診療室的經驗覺得這仍是值得探索的方向。

在理論上，關於防衛機制只是前述的情況嗎？當然不是！我們再試著多談一些，例如前述的現象裡除了潛抑的機制外，如果當事者覺得自己一直是克制壓抑的，只是對方一再挑剔和欺侮他，才會出現某些舉動作為反擊。對精神分析的理論來說，其實隱含著比潛抑機制更原始、更深沈難解的分裂機制（splitting）的作用。

佛洛伊德晚年才提出《自我防衛功能裡的分裂機制》（Splitting of the Ego in the Process of Defense, 1938），說明他對分裂機制的觀察和作用。這種機制在臨床呈現的現象是全好全壞的態度，或者常見如非黑即白的二元分裂，缺乏中間的可能性。也就是，分裂機制運作出來的現象是只有兩種答案可以選擇，做了任何一個選擇不

但仍無法解決問題，卻常再製造出新的問題。

　　例如，正向思考和負向思考的二分，在這種機制下常呈現的是，問題的解決方案不是位於兩端點的好壞或正負，而是在兩者之間的更大範疇。相對於處在極端的位置，所謂在兩者之間的內容則是模糊不定，因此很難被思考。一般來說都是傾向在兩個極端裡尋求解決方法，因此當有人認為負向思考是問題的來源時，就很容易被推衍出要正向思考，以為這樣子就會解決原來的問題。

　　雖然不能說這種兩端點式的說法完全無效，但如果是這麼簡單，那麼，心理學和心理治療的專業就不再被需要了。分裂機制所引發出來的二元對立，是最容易被接受、被了解的說法，因此要破解這些論述，並讓當事者發現自己有這種傾向，這絕對不是容易的事。

　　雖然一般會聽到的是，既然知道答案不在兩個端點而是在中間領域，那就往中間領域尋找答案不就解決了？偏偏臨床經驗上這種說法看來明顯易懂，卻反而很困難找到中間的答案。因為兩端點的答案，都很堅持自己原來的想法，很難有妥協的餘地。就像是一方滅掉自己或改變了，自己這方也會跟著不見了。這是常見的現象，勢不兩立的意思。

　　我們可能以為二分法的現象被指出來後，當事者就看見、聽見了，其實在臨床上常是虛假的看見或聽見。兩個端點是王不見王，根本未把對方看在眼裡，或根本

就看不見對方。就算兩者相碰面了，好像是相互對話，但是雙方都沒有看見對方，都只跟自己投射和想像的一方在說話。

試想，要被踢走的負向思考，會心悅誠服的讓自己消失嗎？當我們說某些現象有潛在的分裂機制運作時，是要說，那會是漫長的對話過程，兩個端點的漫長對話過程，而不是以馬上要對方消失作為對話的前提條件。這是最理想的想法，卻是有違一般人的心理反應，不是那麼容易就會見效。不過，因為是二分現象因此很容易被觀察到，但也因此就常被誤解，以為是容易解決的過程而顯得沒耐心，以為都知道了問題和起因了，何以還是無法盡快改變呢？

這讓個案和治療者都會承受不少壓力，兩端點之間好像互相知道對方的存在，但在經驗上更像沒把對方放在眼裡，只有一些虛假的對話。這種虛假不一定是不好或不對的，兩端在對話過程要真的看見對方，並找出中間途徑的過程是很困難的。如果不自覺地過於理想化快速解決困境，個案和治療者就容易失去耐心。

看來明顯可見的問題，兩端點相互對峙，真要處理分裂機制的作用時，是比處理由壓抑帶來的問題還更困難。精神分析後設心理學的說法是，潛抑或壓抑都是屬於精神官能症層次的防衛機制，而分裂機制被歸納在接近精神病（psychoses）的層次。這裡所指的精神病層次

不是指思覺失調症的精神病，而是指很原始很嬰兒期的
心理反應。

　　如果讀者可以想像這些可能性，我們再進一步以佛
洛伊德提出的某個模式來思索，我們在處遇性侵犯行者
的難題。從潛意識變成意識後所帶來的效用不如預期，
佛洛伊德進一步提出的另一個模式，關於自我、原我和
超我。這是大家耳熟能詳的概念，它們在臨床裡要展現
什麼呢？會遭遇什麼難題呢？在不同的問題裡，會有什
麼細節的差異呢？

　　首先需要回到起初，當佛洛伊德提出潛意識模式，
讓不自覺的故事能夠變成意識化，這是精神分析開始工
作的模式。其實，這個概念來自當年催眠術的宣洩
（catharsis）的作法，但是佛洛伊德的入手方式不同，他
以談話為主，在清醒的情況下進行談話治療，讓早年的
心理創傷記憶，能夠被說出來而意識化。然後假設個案
因為早年創傷而呈現的症狀和問題，會因為當年的創傷
經驗被意識化了而得以解決。

　　不過這只是假設的構想，臨床的實情並不是那麼單
純，個案並不必然因為說出了當年的故事就改善了，甚
至佛洛伊德感受到的更是，要觸及創傷記憶是難上加難，
常常不是個案目前能說出來的現象和期待。大家對於性
侵犯行者減少再犯或不再犯的期待，容易推衍出一個想
法，如果犯行者知道並認識自己的犯行和結果後，能有

助於再犯的減少或消失。我們相信這種期待會遭遇如同佛洛伊德當年類似的困難，佛洛伊德給這種困難一個名字，叫做「阻抗」。

不過更困難的是，並不是告訴個案說他們有阻抗，然後個案就不再阻抗了。這是過於理想化的期待，因為阻抗是以潛意識的運作為主，在臨床經驗上的確不是說出個案有阻抗，個案就會知道他們真的有阻抗。個案甚至會更反彈、更反抗。佛洛伊德為了說明阻抗的可能緣由，再擴充他的精神分析地圖，標示出內在世界裡有自我、原我和超我的運作，而其中原我和超我都是產生阻抗的內在來源。

原我是指包括性本能和死亡本能為主的能量方式，是原始的，卻也是人的重要動力來源。超我是指嚴格的理想所形成的存在，和遭遇外在現實的挫折後所反應的理想有關。超我和良知道德有關，但是精神分析談論的超我並不等於道德良知。因為依佛洛伊德從臨床現象觀察而界定的超我，是監督者，而且是嚴厲的監督者。

佛洛伊德更說自我（ego）其實只是奴僕，真正的主人是原我、超我和外在現實。這三位主人都是嚴厲的，都以滿足自身為目的。自我充當這三者的奴僕，只能在這三者之間找出妥協的方向。這個概念是符合臨床經驗的，雖然和一般個案的想法有所不同，這些妥協和嚴格都是潛意識運作的過程，也就是原我和超我以及外在現

實，都是採取嚴厲的方式要求自己的欲望被滿足。

　　這讓自我一直處於疲累地應對三位主人的需求，處理三位主人之間不同或相反的期待和欲望，人的問題和症狀現象的複雜性因此產生。自我如何應對三位主人，在三位主人間找到平衡的妥協，就呈現出我們臨床上看見的問題和樣貌。這個起源自臨床困局的觀察而提出的模式，是要說明臨床實作的困難處，並不是如意識期待的，只要指出個案的原我和超我，然後就會產生改變。

　　正如我們不可能期待，指出外在現實集體形成的某些嚴厲性後，外在現實就會跟著改變。例如，常聽到的「我知道要慢下來，但是，我就是做不到啊！」因此在處遇問題時所設定的方向和方式，和意識認知取向有所不同，因為生命的實情以及我們無法視而不見的難題，如同佛洛伊德觀察人類的文明史，例如，在《文明及其不滿》裡示意的，文明是重要的，但是文明不足以消滅所有不滿，甚至文明就是帶來不滿的緣由，他是指來自於原我和超我，想要滿足自己所引發的不滿。

　　因此就處遇的現實來說，並不是文明就能完全消滅，原我、超我和外在現實這三位主人的需求，至於對內在世界的困局，以說話來呈現的談話治療，包括精神分析，當然是文明史裡的重要成就。我們在這些成就的基礎上，面對性侵犯行者，我們還有多少路要走呢？也許可能連最基本的命題還在迷霧中，雖然不至於全然無知，他們

到底是怎麼回事呢？何以會犯下這些犯行呢？

結語 ────

　　除了生物學因素的解釋模式，如果要從心理學角度來提供解釋的模式時，精神分析的理論在目前是有不少概念，能夠讓我們可以有想像的管道。一個人會犯下性侵犯的行為，可能是為了什麼？本章所提出的是精神分析的基本觀點，不過必須坦白說的是，這些概念運用在每個人身上都會有很大的差異，畢竟每個人都是獨特的。而且精神分析也是正視這些獨特性，雖然作為一門專業仍需要一些共通的語言，本文所提的這些概念，在精神分析取向專業人員之間的溝通仍是有效語言，但不是以這些術語作為診療室裡和個案對談的語言。至於這些概念要運用於性侵犯行者時，我們不認為可以直接套用，來完整解釋他們的犯行，以及再犯的心理學成因。我們也不認為這些說明是毫無用處，而是更強調這是一個開始，來了解和猜測這些人的深度心理學，而且我們並不會因為還只是在了解和猜測而需要汗顏。

論 語言的想像

蔡榮裕

　　如何談論精神分析取向診療室裡的進行實況，是一件很困難的事，除了口說出來的故事，還有很多「意在言外」的材料潛在地進行著。本系列是一種嘗試，以「論說故事」形式，試圖用比較容易被理解和體會的方式，來談論精神分析取向工作時的某些想像。我盡量以我們的日常用語作爲描繪的語言，讓讀者能夠藉由這些描繪，想像診療室裡可能是什麼模樣？雖然這些經驗之談，相關的工作經驗者可能會更容易了解，不過替本書書寫這些論說時，的確是希望作爲前面理論文章的補充。這些論說內容的舉例，不是以性侵犯行者的會談爲主，而是以在精神分析取向診療室裡的其它通例作爲述說的對象。

論 / 聽故事

一切都是從聽故事開始，不論對方要談高興的或悲傷的事。

如果只聽故事的內容，然後依據故事作為處理的方式，其實是不需要心理治療或精神分析的專業職人做這件事。這是一般人和朋友間的互動方式，但是我何以這麼說呢？難道專業職人在聽故事時另有其它門道嗎？當然是有的，不然只依照所聽的故事就採取行動，我們如何判定這個故事裡的字句有言外之意，也有故事之外的意思呢？

其實是假定有其它之意作為專業的起點。每個故事背後的人性和人格，影響著故事被說出來的方式，就像說夢一樣有它的複雜性，這是大家很難了解的事，因此大家聽一個人說夢時，就知道要猜夢背後的意思。但是聽故事時，大家就會先假定那是真的，或者擔心如果不相信對方的故事是真的，怕會得罪對方或和對方發生衝突。

不過，精神分析取向的專業職人有不同的聽故事的方式，可以簡化成如同聽對方說夢那般，實務上這並不是否定故事的真實性，只是對於什麼是真實有不同的觀點。首先，精神分析假設對方說的都有「心理真實」的意涵，但是對於一般相信的故事的「歷史事實」，精神

分析取向是不做判定的，因為沒有能力只在診療室裡聽，就能判定診療室外發生的故事是否是事實。也就是要記得，擱置是否屬於「歷史事實」的判斷。

在佛洛伊德發明了坐下來，在特定時間聽個案說話這種專業，不再像以前是以暗示和建議為主的治療方式後，有了不一樣的發現。這個新發現就是，個案來診療室開始談自己的問題，不久，個案會變得不再那麼介意原先的問題，反而在意治療師如何看他：是否會覺得他沒有改變是不好的？或者覺得治療師是不懷好意，故意隱瞞最美好的答案？甚至覺得治療師是阻礙他再往前走的破壞者等等。

上述都是專業職人在聽個案說故事時可能產生的現象，只是這些現象是可以被專業職人感受到，或者要隔一陣子才感受到，但是個案卻毫無所覺，這讓專業職人會不由自主地想要猜測到底是怎麼回事。雖然在起初可能是直接問個案是怎麼回事，但卻發現個案根本不了解專業職人何以這麼問，甚至反而更加重了原來的不安。

這些現象都是精神分析取向聽故事的方式，有一個診療室作為平台，在固定時間和地點的結構下，這個結構很快就成為佛洛伊德說的：「移情如戰場」。也就是聽故事的專業職人感受到，說故事的人有另一股沒有說出來，或完全不被自覺的情感和經驗流動著，專業職人也覺得自己好像處在被說故事的人硬推上去的某種位置。

佛洛伊德就將這些現象命名爲：說故事的人對聽故事的人有「移情」的作用。

當精神分析觀察到這些移情現象，並且加以命名作爲觀察的地圖後，聽故事的人開始有了不同於一般聽故事的方式。至今，這種新的聽故事的方式已經有一百年了，也累積相當多的文字描述這些經驗。不過由於在聽故事後，有前述移情因子的影響，偏偏移情是不自覺的，不是當事者能完全自覺的，因此就算有了很多文字描述，這些文字頂多都只是經驗的片斷。

因爲不可能找到兩個人說相同故事時，仍是相同的背後意義，或者就算有可能相同或類似的意義，但是呈現方式仍是相當個別性的。因此聽故事的專業職人就算經驗豐富和學理廣博，面對眼前正在說故事的人，仍是只能不斷的想像和猜測。有人覺得這不夠科學或太主觀，不過精神分析依然在這種情況下埋頭傾聽，讓這項專業依然能夠持續存在並對文明有所貢獻。

除了佛洛伊德所說的，說故事或聽故事的場域就像是戰場般，這是指內心的戰場，或者如精神分析家比昂（Bion）所描繪，需要在戰區和一般百姓的生活空間，區隔出一個中間的地帶。這是比昂引進戰場的經驗來描繪，他和個案在診療室裡工作的經驗。比昂的這個戰場的比喻是更強調思考理論，也就是努力聽個案說故事時，需要藉著更多的思考，作爲大戰區和一般人生活之間非

戰區的領域。這是他的經驗，如果分析師在聽故事時，被背後的移情完全捲進去，變得只能一來一往地回應故事的需求，那是缺乏思考的；當缺乏思考時，非戰區的空間就很狹窄，難以有轉身的餘地。

如何聽故事，當然還有很多細節。在戰爭場域裡發生的事可能表面無波無浪，但在心理世界卻捲起了巨浪，雖然稍有臨床經驗者仔細想一下，就會發現我說的並不是只針對特定某些個案，而是心理治療診療室裡時時刻刻發生的事。這讓聽故事變得不是那麼容易，不過也因此需要專業訓練才能成為專業職人，才能在被說出來的故事裡，再聽出更多其它的可能性。這些可能性都是人性和心智的組成，而且只是一部分 —— 畢竟人性和心智的大海還需要更多的想像。

論 / 說話

　　說話是件文明的大事，那麼，罵人三字經是文明嗎？或者強迫別人聽他們說話，這是文明或野蠻呢？

　　關於說話這件事，比前述的命題還要更複雜，尤其在十九世紀初期，佛洛伊德從暗示的催眠術，走向談話治療後，聽和說這件事就變得不一樣了，說話和聆聽變成了心理學的事件，雖然在宗教裡有神蹟，而神父在懺悔室裡聆聽信徒的懺悔，也有療癒的效果，不過關於談話治療的說話，並不只是懺悔，如果是這樣，就不需要大費周章發展精神分析的心理學了。

　　精神分析是談話治療的老祖宗。什麼是談話？只是從嘴巴說出來的話嗎？也常聽說某人的眼睛會說話，這是什麼意思呢？在電腦上以文字交談算不算說話？這些都會影響談話治療專業的未來走向。先針對目前在診療室裡的談話為例，說話者包括個案和治療者，雖然治療師的說話被特別命名為「詮釋」。

　　所謂「詮釋」，在精神分析是從個案的談話裡，將種種的言外之意串連起來，而假設個案的說話可能有某種潛在意義。例如，個案來治療時，抱怨今天的公車司機亂開車，好像不把人當人看，然後再說在公司裡同事常常會欺侮他。如果猜測這些話的潛在意義，可能是在抱怨治療師沒有把握住方向，讓他處在混亂的狀態，而

他覺得這是治療師故意在欺侮他。這只是舉例說明，治療師的說話被命名為「詮釋」的方式，但是這個例子不是標準答案。

說話本身的侷限，包括說話者的記憶課題，以及是否人的「經驗」，尤其是生命早年的經驗，都是能夠透過說話被表達出來的嗎？

關於說話的記憶課題，除了生理的腦部因素，佛洛伊德在發展精神分析的過程，對那些失憶症的個案，帶給精神分析對於記憶的課題，有不同的想像空間，也開拓了記憶和潛意識心理學之間的關係探索。至於人的經驗是否都能透過說話表達出來？先說的是，人的經驗並非都能透過說話直接表達出來，這是語言本身的侷限，雖然尋找語言來表達心意和感受是不會停止的事。但是以語言來表達生命早年的經驗，像以某種語言翻譯另一種語言，永遠有它的侷限，無法完全翻譯出另一種語言的全部。

佛洛伊德在《朵拉》案例裡表示，當我們要了解某些經驗時，遭遇外在現實的侷限，這反而是精神分析起步的所在。也可以推論，說話在表達生命早年經驗的侷限，也是精神分析起步的地方，加上佛洛伊德主張，生命早年的經驗不是以故事的方式被記憶，而是以行動方式作為記憶方式。因此個案在說故事時，治療師是聽著其它言外之意，再加上觀察個案所呈現出的種種行動，

包括如何和治療師互動，如何表達自己的想法等等，是治療師聽話時需要猜測和想像的。

　　精神分析不放棄對於潛意識探索的範疇，仍是需要藉著說話來探索語言無法抵達的心理領域，只好不斷地尋找更多的語言，來描述這些無法言說的領域。例如當我們說「自戀」時，一般人常以為這兩個字描繪的內容是清楚的，但是如果「自戀」要指向的內容，是生命相當早年還無法有成人語言能力前，某種要讓自己生存下去的力量，那是什麼呢？是我說的這些話或者「自戀」兩字可以完全代表說清楚的嗎？

　　其實只要從大部分被說有自戀的人拒絕被說是自戀，就知道自戀這兩個字要表達的內容，仍是超過我們所了解以及能夠說清楚的。不然一般人不會拼命用自戀這兩個字，罵那些被討厭的人，但是被討厭的人卻根本沒有吞下這兩個字，如果我們再以對方是「阻抗」所以不願承認，也許說對了某些部分，但也是讓我們更遠離了解自戀這兩字要傳達的內容。

　　這是診療室裡兩個人之間，以說話作為了解和被了解的工具時所遭遇的困局，但如同禪說「不立文字」，但是禪的文字卻在佛教經典裡佔據相對多的數量。因為一直以文字要描繪那些難以了解，卻是有所感受的境界，能夠被找出的文字總是難以滿足說話者的需求。

　　雖然無言裡也有大愛，但是說話仍被當作重要的工

具，讓精神分析的文明成就，能夠繼續深根發展的重要
關鍵。至於相對於「詮釋」被當作核心技術，尤其是詮
釋個案的移情，說話也有可能只是要互動交流，只是在
建構平台，讓其它更深刻的話得以被說出來並被思考。

論／自我

「自我」是什麼？

如果從我們的語境來了解，「自我」通常是接近口頭上的自己或者英文的「Ｉ」。這是接近self的意義，不過由於台灣在早年引進精神分析時，是以ego psychology為主的說法，並且將ego理解為「自我」。但是，ego是自我嗎？

我們從佛洛伊德的說法來想想這個譯詞，因為這將會影響在治療過程裡，治療師採取的意義。

佛洛伊德將ego定義為，是超我、原我和外在現實的奴僕，但是當我們把ego理解為「自我」時，其實我們的語意裡更接近「做自己」的自己，而這種做自己是要做得和想像中的對象有所不同的自己，而不是作為奴僕的意思。

要了解這種說法，需要先回到佛洛伊德建構精神分析時，是先以讓潛意識變為意識的方向，這是他主張的第一地層學（topography）。但是這無法如預期的解決問題，包括變成意識後，症狀不必然就消除了，或者要變成意識化的過程是充滿了種種困難，也就是有阻抗的出現。為了再探索阻抗的現象，佛洛伊德再另創了新地圖，第二地層學：ego、原我和超我。

　　例如，個案對於孩時發生的一件事表示不記得了，但是又說母親說過，她在別人家弄壞了人家的東西，後來母親賠償但把那東西拿回家，她覺得每次看見那東西時就是一次創傷。她雖然可能隱含著目前的某些問題，在這種情況下，治療者可能依據個案說故事的方式，認為既然失憶的過往情節是如此重要，因此一開始想到的是要補齊歷史的空白記憶。在技術上這是處理第一地層學，由潛意識變成意識的課題。

　　這也是佛洛伊德在發展精神分析初期的作法，補齊被遺忘的歷史故事情節，這是假設如此就可以處理失憶的精神官能症狀所帶來的問題。不少個案也有像這個個案的說法，是呈現島狀的記憶，不是全然忘記，但也不是清晰記得往事。這種情況好像是有某種東西阻擋在那裡，因而影響著記憶，這是第二地形層學想要說明的，阻抗或是衝突矛盾的層次。

　　在這些情況下，佛洛伊德將ego定義為功能取向的協調者或妥協者，不過前述的奴僕才是更生動的模樣。這是潛意識的運作模式，它的主要工具是運用手頭上能用的各式防衛機制，例如合理化、潛抑等等，要做出一些妥協，不是讓原我覺得被打壓，也不能不理會超我的嚴厲要求，甚至還要應付外在現實的嚴酷期待。

　　又例如，某個案為了讓心中暗戀的對象看見她的身體，因而在這位對象路過走廊的時候，希望讓對方有機

會看見她在脫換衣服的場景。但是嚴厲的超我不允許她這麼做，也得應付外界其他人的異樣眼光，最後在ego的暗中協調下，運用它能使用的防衛機制做出了不得罪三方的作法。那就是仍在原地方更換衣服，來滿足原我想暴露的期待，但是更換的動作加快以滿足超我的期待。

這是處理各式矛盾衝突的領域，也是個案說得出口的，和他人以及工作上的種種矛盾和衝突。因為理論上最原始的衝突，是來自於原我和超我的衝突，以及這兩者和外在現實的矛盾。原我是各式欲望的源頭，如性和攻擊的欲望；超我則是嚴厲的國王，對於各式欲望出現後採取苛責的角色，因此常見個案可能在想法上或者行動出現的原我欲望後，超我就隨之攻擊，或者也可能反過來是超我需要有問題來責怪，因此驅動著原我的欲望要展現它的能耐，製造出某些問題讓超我展現它苛責的角色。

因此在臨床上，個案的陳述裡大都是，先有原我欲望展現後，超我隨之而苛責，但是如果仔細觀察的話，也常見超我作為驅動者的角色，這並不同於一般人常覺得，某些欲望行為的展現是缺乏道德感，所以加強道德感，不必然是解決欲望問題的方式。

因此在這些定義下的ego是奴僕，那麼我們會願意接受，我們的自我是這種ego嗎？難道大家都真的那麼謙卑了嗎？都把自我當作是如政治人物口頭常說的，是人民

的公僕嗎？不過由於在台灣特有時空下，中譯ego為自我，我是傾向主張不再修改，只是讀者需要了解這個背景，才不致於以為精神分析裡所談的「做自己」，就是這個定義下的「做自我」，因為做自己的「自己」是有關self的故事。

論 / 自體

自體是什麼呢？

在台灣被用來作爲self的譯詞，雖然我覺得我們的語意裡，self是更接近自己、自我或我。但是由於ego的概念較早被引進來台灣，而且被中譯成「自我」，「自體」不是我們平時常用的字眼，雖然self在英文語境裡是常用字，例如self-esteem, self-identity等。

佛洛伊德的文章裡，大都是混雜自我和自體的交互使用，在精神分析的初期裡，對於ego和self的語意使用是交替互用的。也就是在理念上，不是那麼強調區分這兩者的差異。也可以說兩者都是他要處理和分析的範疇，不過相對來說，佛洛伊德是較注重ego的概念，尤其在《自我和原我》（The ego and the id, 1923）第二地層學的原我、自我和超我概念完整成形出現後，更是著重ego的角色的說明。這個現象在他的《分析的止盡與無止盡》（Analysis terminable and interminable, 1937）裡，他也是花了不少篇幅談論ego的角色。加上晚年另一篇重要文章《自我防衛裡的分裂機制》（Splitting of the Ego in the Process of Defence, 1938）也是以ego作爲核心的論述。

但是如果這樣就說佛洛伊德不注重self，這也不是實

情，雖然也不能忽略前述的種種現象。目前在台灣談論「自體」（self）部分緣由是「自體心理學」（self psychology），這得回到自體心理學在美國發展的脈絡來看，才能理解自體被特別強調時想要表達的課題。

寇哈特（Kohut）發展自體心理學的背景是，「自我心理學」（ego psychology）強大佔據了美國精神分析的主要論述。我無意簡化美國自我心理學的複雜面，不過當一個理論如自體心理學的發展，通常會是有針對性，尤其是針對那些覺得有問題或不足的地方，因此無法從自體心理學的角度，來真正完整理解自我心理學是什麼。不過由於自體心理學的強調自體，這使得佛洛伊德相對較少論述的領域，有了更細緻的視野。

不過談論自體時，是否要涉及性本能和防衛機制的論述呢？這些是相對地較少在自體心理學裡被強調，不過如前述，為了要突顯發展的理論與眾不同，的確就會相對地忽略目前已有的論點，而強調和已有論述有所不同的地方。因此我也假設，寇哈特在論述的文本和實質的診療室實作裡，兩者之間是可能會有落差存在，畢竟他也是從佛洛伊德的後設心理學起家的。

至於自體心理學，後來突顯「自戀」這個語詞，是要把他的視野拉到生命發展很早期的狀態。例如，前一章所提的個案，表示不記得孩時發生的一件事，但是又說母親說過，她在別人家弄壞了別人的東西，後來母親賠償對方，把那東西拿回家。但她卻覺得再看見那東西

時就是另一次創傷，後來她隱含著暗示的說法是，目前
遇到的問題跟這件事件有關。母親拿被她破壞的東西回家
可能是結果，其實是另有更早的因素，但這件事被她當
作是目前問題的原因，是導致她老是覺得空虛感，不知
道要做什麼的原因。她說因為這種空虛感讓她無法久做
一件事，因此無法有穩定下來的感覺。

何以記憶空白？這是精神官能症層次的內容？或者
呈現的是自體的空白、空虛感？好像一直要找什麼來忙
碌，卻很快又覺得那些都不是她要的。這是自體的空白
感？這是什麼意思呢？起初被想到的是，要補齊空白記
憶的第一地層學的課題，也就是讓潛意識變成意識的內
容，但是這個案的說法並不是全然忘記以前的故事，她
說是母親幫她記得的往事，而她記得的這些片段被她當
作是目前問題的主要原因，但實質上卻更像是阻擋再深
入的想法。這是第二地層學意圖要說明的，自我、原我
和超我之間的妥協所帶來的阻抗？或者這不是前述心理
的「衝突矛盾」的課題，而是自體的「匱乏」和「空洞
感」所呈現的低自尊（self-esteem）？

因此當我們開始思索自體、自尊和自戀的課題時，
也許可以說焦點就不在於精神官能症層次裡衝突矛盾的
意義和詮釋的課題，而是自體如何被孕育、被注意、被
看重的課題。但是這樣子就表示處理自體的課題，不需
要詮釋和意義嗎？

論 / 被動

　　不可否認的，在精神分析取向的領域裡，我們大都要自己是被動些，但這是什麼意思呢？

　　主動和被動是生活用語，但是我相信，如何做或不做才是被動，不同人之間會有很大的差異。甚至愈是日常用語卻愈難定義，被動是什麼？是指外顯行動或者內在心理反應？甚至為什麼會有「被動攻擊」這語詞呢？

　　如果我說佛洛伊德主張被動是屬於女性特質，這可能會掀起不少爭議，但是佛洛伊德這麼說是什麼意思呢？也許有些像是卵子等待著精子的來臨吧！不過，這可不是表面上的女性外顯行為的被動等待，而是涉及愉悅最終的獲得，是來自於等待的感受嗎？

　　我只先從日用語法來談被動的模樣，以及當我們告訴年輕的學習者，要被動些，這樣的話是可以被了解的嗎？而且是依著我們期待的那般被了解嗎？我覺得有些困難，因為這是相對的感受，相對於什麼是主動。下一篇我會談論「主動」是什麼。佛洛伊德以降，談論治療師的被動，是指有所節制的意思吧？尤其是針對治療師要節制治癒個案的欲望。但這是什麼意思呢？

　　假設如果無法節制這種欲望，治療師就可能會以個人想法和期待硬加在個案身上，變成某種強迫，而不是

在傾聽個案後再說出一些想法，讓個案可以思索。因為就算精神分析不強調被動，但是要形容治療師的「等待」時，被動這字眼是很難不被用上的。因此如果要我說，精神分析的被動說法，可以從幾個方向來看，一是被動的目的不是為了被動，而是為了讓個案可以依自己的方式和節奏說自己的故事，而不是我們在引導他要說什麼故事。因為我們引導的話題，只是讓他說出我們想聽的話，而不必然是他內心裡想說的話。

　　二是工作的重點是，在他說出來的故事裡尋找言外之意，或是試圖在表面如風馬牛般不相及的故事和感受裡，找出可以相互連結的意義，這是事後（après-coup）的主動連結，但是就整體互動脈絡和節奏來說是屬於被動的，是在個案此時此地說出後的故事裡找尋意義，不是主動要引領個案走向我們期待的意義。

　　因此所謂被動是一種動態式的過程，和個案的互動狀態有關，比喻上是走在個案的述說的後頭，再從已經說出來的話語和感受到的非言語的內容，相互連結並構成意義。

　　不過，還有一個困擾，那就是被動並不等於被動攻擊。至於被動攻擊是被動或主動呢？也許不必先在這裡計較，而是需要回到前述的重點。精神分析以被動為工作方式時，是假設治療師的被動會構成某種驅動力，讓個案走在前方，但我們跟在一旁的意思。至於被動攻擊就是攻擊，目的不是要驅動個案往前走和思索，但是說

話和靜默都可能是被動的力量，也都可能是種被動的攻擊，這是相對的，必須回到診療室實作裡，治療師和個案之間的互動爲基礎。例如，如果治療師的被動只是反映著，治療師在間接表達對於個案的不滿，那麼這種被動自然是有攻擊的意味。這是很難完全避免的情境，因此如果說治療過程常常是在被動和被動攻擊之間波動，也許這並不是太誇張的說法，而治療師也只能在事後的了解後逐步調整，讓被動可以成爲驅動個案更自由表達自己的動力。

論 / 主動

　　精神分析不是要當領導者引導個案的人生，不是要做個案的人生導師，因此主動的態度曾經如同可怕的鬼魅，只能避開它，不過回頭來看精神分析的歷史，可能錯了，主動仍是很重要的態度。這是什麼意思呢？可以簡化地說，精神分析取向者仍有主動，但不是要做人生導師的主動。這句話說得很清楚了嗎？不，還有不少想法來左思右想，讓「主動」這語詞在思想的細縫裡，仍以它不被撲滅的態度，在精神分析取向治療師的心中過著它的日子呢。

　　首先談佛洛伊德對於主動的想法。他說得很抽象，至今仍不易被了解，而且容易被誤解，因此平常在精神分析的論文裡不是那麼常見。他說主動性是男性特質，相對於被動性是女性特質。這種主動性的比喻，接近於描述精子是主動地尋找卵子的故事，但這是心理的故事，而不全然等於一般想像的，採取主動行為的表面現象，因為表面的主動是有可能在防衛被動性。

　　跳開這個主動性的歷史，我談另一個故事也許容易了解些。佛洛伊德的第一代學生費倫齊（Ferenczi），看到了佛洛伊德處理的精神官能症之外的其它因子，雖然精神分析是思索言外之意，但是對於精神官能症之外的

　　思索則是歷經了曲折的過程。例如，費倫齊是想要處理個案因為退化而呈現出如同嬰孩或孩童般的期待，例如擁抱。如何處理脆弱的大人個案被擁抱的渴望呢？也就是治療師要多主動去配合個案的這種需求嗎？有必要去配合嗎？這是必要的嗎？由誰決定是否需要呢？以什麼作為判斷的標準？

　　這些都是不容易回答的命題，至今仍是值得觀察和思索的課題。不過就精神分析作為一個學門的發展，在過程裡自然會有所取捨。當年是以佛洛伊德作為仲裁者，費倫齊針對那些退化現象，提議要採取「主動的技術」。不過回頭來看，難題並不在於是不是要主動，而是在於主動做什麼？因為費倫齊的主動技術太過頭，包括身體的擁抱，甚至後來和個案私下的親密互動。這些技術讓大家覺得太踰越了，雖然佛洛伊德也請個案「鼠人」吃過飯，談論個人生活上的細節。

　　後來葛林（André Green）以《死亡母親》（The dead mother）的案例，談論古典精神分析技術的被動，會讓他的個案覺得分析師如同童年經驗裡的死亡母親，他認為個案在這種情況下是不會有成長的，因此技術上需要主動，如此才不致於使分析師如同死亡母親般。在這種情況下，古典技術的被動，是有可能讓個案把分析師當作是死亡母親般，因此葛林的主動技術，是相對於他要評論的古典技術的被動，並不是費倫齊當年那麼主

動的作爲。葛林說的是，不能只是詮釋，而是需要讓個案覺得被同理，雖然這種主動可能被某些精神分析家批評。不過葛林的描述是貼近目前臨床上不少案例的情況，這讓主動的同理變成是精神分析技藝家族裡的一份子，也是重要的份子。

　　治療過程裡所出現的主動分析的態度，目前被用來描述精神分析取向者在詮釋之外要保持的技藝。至於什麼是「分析的態度」？不同的精神分析者仍有很大的不同觀點，也許它的原型是佛洛伊德所說的「分析師如同鏡子般」，或者如比昂（Bion）說的「沒有欲望和沒有記憶」，這些名詞仍有很多可以描述和想像的餘地，這讓分析的態度有了更多闡述的空間。

　　但是人的苦難是什麼？要被如何聽？被如何看見？如何說話交流？在治療師這方的說話，也就是執行詮釋或其它功能前，要想的就不再只是精神分析理論怎麼說了，而是眼前這位受苦者，在長久脆弱後仍以硬挺的姿勢存活著，卻也是累了，不過他此時此地到底是處在什麼態度呢？是需要聽治療師說些深入的詮釋，或者只是希望有人聽他說話就好，還沒有能力消化任何過於深入的話？深入的詮釋，會不會造成個案覺得被冒犯？

　　那麼在治療師要說話的當時，如果判斷覺得個案無法消化治療師善意下的詮釋時，治療者的說話需要什麼作爲基礎態度？依前述葛林的個案經驗，我加以擴大至

更多的個案群，那就是治療者的說話，在說出口前和當刻，是需要維持著「邀請的態度」。

　　治療師在說話前和說話時的邀請態度，在理論上仍是不違背分析的態度，但是需要修正的是，如果分析的態度被個案當作是如同死亡的母親般時，需要在這種態度裡添加主動的邀請。不過我所提出的這種邀請態度，仍有個假設，就是治療師是在態度上呈現邀請的態度，不必然是口頭式的邀請。而且和邀請的態度同時存在的是，如同比喻上伸出手邀請對方繼續述說，但是邀請就只是邀請，不必然個案一定得接受邀請。

　　也就是治療師有主動的態度，但不是讓主動變成某種壓迫，或者變成在引領個案，本質上仍是維持著精神分析的事後（après-coup）或跟隨在後的態度，而不是主動的引領者，不是如同人生導師那般。因此我談論的主動，仍是某種在被動之後的主動，或是個案說著他們的故事後，治療師的事後或尾隨在後的主動。

　　由這些說明，讀者或可領會到尋找語言描繪診療室實作的過程和細節，是多麼不容易的事，也多麼容易在難以完全充份下而被誤解。這些誤解都是人和人之間常會出現的，也是溝通的侷限。不過如前所說，語言的侷限也可說是精神分析的起點，精神分析就是站在這些外在現實的侷限裡，起身想像和思索出路。

論 / 退行（退化）

　　這個詞語很有意思，如果要談精神分析，幾乎不可能不談到它。

　　但是相對的，這個語詞卻不是那麼頻繁出現，本質上這個語詞用在我們的日常語境裡，也是很難避免被當作是負面的現象。當我們說某人的行為很退化，這怎麼可能是在談好事呢？甚至是被用來批評人的用語。那麼當我說，退化是一個重要性的語詞，它的重要性不下於現有的任何精神分析語詞，這是負面的意思嗎？

　　實質上，人在日常作息裡就存有各式退化的現象，再加上佛洛伊德把它標定出來作為後人參考的路標，雖然個案在精神分析裡要走向何方一直是未知數，但是因為有了對於退化現象的觀察和處理，讓精神分析有能力思索人性裡很基本的課題，尤其是本能的課題。當我們說性本能和攻擊本能時，照理我們是不知道自己在說什麼，因為我們是無法直接觸及本能領域裡的本尊，我們只能觸及本尊所派出來的分身代表，尤其是指那些被彰顯出來的問題和症狀等等。

　　好吧，我就先決定要如何翻譯這個語詞。在我們的語境裡，我原本是傾向使用早期使用的「退化」，但是近來隨著一般對於退化所隱含的負面看法，而被轉譯成

「退行」，意味著不只是退化而已，也有行進的意涵，由於這兩者加在一起後，也是貼近這個語詞原本的用意，因此我也接受就使用「退行」，但是大家要知道它就像是撤退或轉進兩者的綜合語彙。

我需要說明何以這個語彙是如我說的這麼重要。回到日常和臨床情境說起吧，當我們看見某人的行為很幼稚，怎麼不像大人該有的樣子，我們覺得對方很退化，雖然不見得會想用這個語詞。另外，如果當我們看見一個大人和其他人談論高深的哲學時，使用了高度文明抽象的語詞作為交流工具，但是當他轉身面對三歲小孩時，如果他仍使用那些哲學用語，也許就是在製造災難吧？

或者我們看見的是，這位大人轉身後，以可愛的表情說著兩三歲小孩可以聽得懂，卻一點也不是學院哲學的話安撫小孩子。這是怎麼回事？在轉身之間，人的心智裡發生了什麼事呢？如果說那瞬間是發生了統稱「退行」的心智反應，也許有人仍會不滿意，不應該以這麼負面的語彙來形容這種重要的轉變。

精神分析的退行概念，是跟這樣的心智有關聯，也就是假設在文明的語詞和行動的潛在心理，有這種很退行的影子。或者另一種說法，這些退行的能力加上後來層層加疊上來的文明，構成了人的複雜和美感，甚至真和善也都在裡頭。也就是，如何在看來像是回到童年或嬰孩的舉動，例如像小孩時一樣，遇到壓力，就會一直

想上廁所。我們如何在這些退行舉動裡，想像和探索潛在的心理意義呢？

不過如果有人說，某位名家的小說成就，也是類似退行的能力的結果，可能就會遭遇抨擊，覺得在矮化或醜化這位小說家。其實，佛洛伊德在分析杜斯妥也夫斯基時，就很精彩說了前人未說的意見，也產生了看待人和事的新觀點。即使如此，至今仍不易擺脫，「精神分析」的觀點，是在疾病化或負面評論創作者的成品。

如果仍是以類似的模式和術語來分析創作品，是否將更被抨擊為專業職人的傲慢呢？是有可能，因此如果精神分析以「退行」這語彙，和一般大眾交流時卻帶來困擾，那麼，這種交流裡還有多少空間，讓精神分析和一般大眾之間有更密切的交流，也讓精神分析成為日常生活的一部分？或者這種期待對精神分析是必要的嗎？

這麼說的基礎是在於，我何以接受精神分析前輩們的說法，「退行」是很重要的概念？就算它遭遇了前述的情境。因為當我們說某人對另一人或物有移情時，其實移情得以呈現的重要心理基礎，就是人有退行的心理動力存在著。那不是精神分析發明出來的動力，是佛洛伊德在臨床實作裡看見它，隱隱就在那裡，他把它標示出來，起初也許想要避開它，但是後來發現不但避不了，甚至它就是重要的動力。如果缺乏這種原始動力在實作過程裡的經驗累積，精神分析概念的猜測和想像，會變

得像只是坐在書桌前想出來的。

　　換句話說，如果文明及其不滿是存在的，那麼高度語言化的文明如何觀察這些深層的不滿呢？其實需要「退行」的概念作爲顯微鏡，但是顯微鏡就只是顯微鏡，無法取代所觀察到的人性，更不是以退行來辯護人的某些不當行動後，以爲就不必替那些行爲而自我負責，這是另一件事了。

論 / 擁抱

　　如果說人喜歡擁抱，是因為人有退行的能力，這麼說會惹來什麼想像呢？

　　還是得從母親的技藝談起，雖然父親也是擁抱者之一，不過文明發展至今，都把這項能耐歸因於母性能力。這自然有它的深層心理緣由，不是以對或錯可以說明的，不過我現在要談的卻是擁抱的另一個面向。

　　嬰兒無法說話，而母親無法隨時配合嬰兒的肚子餓，這過程有如一場角力戰，如何使嬰兒的喝奶時間間隔可以拉長，並配合大人的作息，這是嬰兒文明化的過程。但是嬰兒無法聽懂母親的心意，如何在照顧嬰兒的需求時，同時做著前述時間結構的期待，這幾乎是一場生死戰，可以這麼形容嗎？也許只有當過媽媽角色才能了解，不過我不想排斥其他人對於這種場景的想像，不一定會比媽媽不深刻。

　　不過，這的確是一場早年歷史的戰爭，不是以愛就能遮掩的戰爭。至於這場戰爭是否和媽媽產後憂鬱有心理上的聯結，或者有多少程度使得和先生之間的衝突擴大，這都是值得觀察的，我不覺得需要做太快的結論。

　　也許有人會責怪我，把母嬰美好的畫面說成如此不堪，是冒犯母嬰的關係，我無意如此，只是如果從來心

理治療室的個案經驗來說，這是很難避免的一場原始戰爭。我建議不要以誰對誰錯，這種分裂式卻無法幫助思考的方式，來想像我在這裡談的課題。

而且對於臨床實作更重要的是，這是治療師和個案在治療結構上常出現的難題，如果要推論這場結構之戰，可能衍生自生命早期的經驗，也許會被當作過於牽強。不過，如果跳開簡化式的前因後果概念來想像的話，如果是運用兩者在時間結構上的爭戰，相互比喻來看，是否能有新的想法出現？畢竟生命早期的經驗，常常不是語言可以直接觸及的，例如，「準時」會比較好。這是什麼意思呢？何以不能隨時更改會談時間呢？就算意識接受了，但實情是並非心理深處就了解並接受。

關於擁抱，在精神分析史裡曾有些事件。佛洛伊德的第一代學生裡，費倫齊（Ferenczi）算是投入且有不少貢獻的精神分析者，當時他不滿意佛洛伊德強調的節制所造成的遙遠，因而建議主動的技術，但是他的主動包括和個案擁抱，甚至後來和個案密切交往而惹議。至今談論主動技藝時，費倫齊作法上的爭議仍是讓大家擔心的原因之一，不過需要再回頭觀察何以如此，但不是要合理化費倫齊的處置技術。

費倫齊何以想要那麼做呢？他可能看見了佛洛伊德也觀察和感受到，個案的某些退行的場景，但對於個案退行的臨床現象的解讀和處理策略有所差異，因為在實

作過程裡，個案的移情本身就是一種退行的現象，讓治療者想要照顧個案，或覺得個案在此時此地裡投射的是，治療者如同母親的感受，甚至強烈覺得自己需要的就只是如母親的擁抱，而不是什麼高深的道理。

　　針對「主動的技藝」處理方法有了分岔，至今仍可在其它非精神分析取向的治療裡，看見相關的治療策略。就精神分析來說，並不是後來的人就不再談主動的技藝了，只是不再像費倫齊衝得那麼快，而是仍堅持回到以言語和說話作為基礎。但這也正是非精神分析取向者批評精神分析太過遙遠冷漠的緣由。

　　在精神分析領域裡，後續者較有名的包括溫尼科特（Winnicott）的說法，從沒有嬰兒這件事，有的是嬰兒和母親的共體概念來談心理學的發展，他由這種具體意像擁抱（holding environment）來推衍抽象的心理學概念，也因此有了恰恰好的（good enough）媽媽的概念。

　　但是克萊因的追隨者漢娜西格（Hanna Segal）批評他只想做好媽媽，面對個案的負面移情不會做詮釋。誰對誰錯呢？是一場值得深究的公案。我初步的想法是，溫尼科特不必然有問題，只是這需要很仔細的討論才不會以偏蓋全。因為溫尼科特想要處理的那些言語無法觸及的領域，他的策略是有所不同，這在自體心理學的發明者寇哈特（Kohut）曾有文章討論，某個案期待他伸手讓她抓住，如同需要擁抱和溫暖才有辦法再進行下去，

寇哈特也認同這種情境，但是他左思右想後伸出一根手指，這是特殊案例嗎？不必然，而是涉及謹慎處理言語觸及不到的領域。

論 / 涵容（containment）

　　這個英文名詞如何譯成中文的語境，又符合原文意旨，不是件容易的事。因爲早年譯爲「涵容」，也就沿用了。不過需要先了解它在原文的意涵後，我們在使用時，才會知道如果我們使用譯詞「涵容」來想像時的侷限。

　　Containment，1850年起，在美國就有人使用這個概念，作爲隔離美國南部有黑奴政策的州，爲了阻隔有奴隸的州擴散至北方各州，有人建議要有中間的自由州，假設可以藉由隔離讓黑奴政策自然地萎縮。後來，在共產主義國家出現後，爲了阻隔它的擴散，有了「鐵幕」的說詞，另也有了隔離懷柔聯盟，或者強佔取代的不同策略。

　　在冷戰年代，1940年使用這個語詞，起初是有強佔取代某些國家之意，但是不全然成功，直到古巴危機，美俄兩國爲了免於雙方誤判核彈事件，而有了熱線的建構，是溝通懷柔聯盟。但直到蘇聯強佔阿富汗，才再回到隔離的策略。這只是略述表面現象，實質上當時各國間的合縱聯盟是複雜的。因此containment是有隔離被認爲不好的東西，需要建構一個中間地帶作爲屏障，來保護避免共產主義的擴散，因爲當初另一方被叫做關進鐵

幕，而中間地帶外的是自由地區。

　　另外在戰爭期間，戰區和非戰區的區隔，用來保護一般人的生活區域，這個地帶也是類似的概念。或者更小的單位，如比昂在戰爭時作為戰車車長的經驗，也許也有戰車的硬殼保護車內的人。這些由國際之間的相互合作，建構中間地帶，到一輛戰車的外殼作為阻隔子彈，都可以納進containment來想像，也包括如佛洛伊德提及的，島狀記憶的課題，而海洋是島狀記憶之間的聯結，海洋也構成了如同containment的功能。

　　我接下來就以「涵容」來做這些想像了，畢竟作為中間地帶的外殼是不會思考，但是作為中間地帶的國家，當然不可能全無思考，這是當初用涵容的部分意義。

　　有中間地帶的保護，是為了自由，以診療室的任務來說，是使個案內心裡惡意充斥下，仍能自由的聯想，包括個案內心世界裡太破壞性的內容，除了只區辨好或不好、要或不要的二分法之外，還有其它思考可以發生。我主張比昂的思考理論，可以說是自由聯想的某種變形說法，或者是進一步的蛻變。

　　另外，比昂的涵容的概念和思考理論，是需要「投射型認同」的概念做基礎。但是比昂巧妙的微調了克萊因的原始定義，比昂主張，不是只有壞的部分會往外投射，而是好和壞的都會往外投射至其他客體。在這種微調下，涉及的是分析師的詮釋技藝的調整，不再只是如

克萊因所主張的，針對負面移情做詮釋，想要減少死亡本能所帶來的破壞，但是後來者實踐時，卻有不少個案反而更攻擊。

　　因此「涵容」這詞的出現，也許也有隔開克萊因的詮釋技術的意味，因為個案的投射裡除了負面的攻擊破壞外，也有想要溝通的意味。通常都是使用contained-container這語詞，這是被涵容物和涵容的容器是一個共體，這是很臨床角度的經驗，也就是如同溫尼科特說的，沒有嬰兒這件事，有的是母親和嬰兒的共體，化成臨床的經驗就是，移情和反移情兩者是同時存在的，無法只談移情而不談及反移情。或者移情和反移情如同母嬰，或者被涵容物和涵容的容器，都是相互左右，相互影響的。但是如果要讓這些材料成為可以分析思考的材料，需要在母嬰之間，或者涵容物和容器之間，有中間地帶，如戰區和非戰區之間的地帶，讓思考和創造力可以發生。

論 / 溝通

　　「溝通」是常用語，如果要用在精神分析的實作裡，溝通是指要溝通什麼？是誰跟誰溝通？為了什麼而溝通呢？

　　以比昂微調克萊因的「投射型認同」的概念，除了投射壞的部分，也有投射好的部分，也就是有溝通的意涵。難道投射壞的部分就是沒有溝通嗎？依克萊因的主張，是由於破壞本能的驅動，使得嬰孩主動地把壞的部分向外投射，例如無法即時來餵他的乳房。這是不要思考的意思，就只是把壞的部分硬塞給對方，而不是要思考或溝通的意思。不過，比昂從他的臨床觀察發現，不會只投射壞的部分到客體，常常也同時投射好的部分到客體，他主張這是有溝通的意味。

　　比昂這個微調卻是開了一條大路，因為依克萊因的主張，既是投射壞的部分於分析師，必要的處理方式是詮釋這些負面的投射，也就是詮釋負面移情的意思。不過由於後續者依相同的作法時，卻常是讓個案反彈，甚至更具攻擊性，覺得被治療師誤解了。這種現象也許有阻抗的意味，但是在覺得被誤解的反應裡，也呈現了他們是有要傳達某些訊息，卻被治療師當作負面的移情，因而覺得被誤解。

　　例如，個案在會談裡重複談論受苦的症狀等，除了具有否定治療者的治療能力，讓治療者覺得無能，就如同個案當年覺得父母無能的經驗外，此刻的重複述說同時也有溝通的功能。潛意識的溝通卻只被看見負面的破壞，個案會拒絕詮釋，強調自己不是如治療師所說的那般而覺得委屈，何以覺得委屈？因為可能同時有正向溝通的意涵。

　　我主張有另一種相反現象被忽略了，例如，當嬰兒出生後，媽媽為了讓嬰兒的吃奶時間可以逐漸適應大人的作息，而產生了時間結構的戰爭，畢竟母親是需要休息的，雖然基於愛和對嬰兒的奉獻，但是如果母親長期無法好好睡眠，這場原本是母嬰的戰爭，就轉成媽媽和爸爸的戰爭和衝突。這裡面媽媽的愛是重要的溝通，但是時間結構之戰卻變成難以思想，因為可能會有罪惡感，而無法接受期待嬰兒可以逐漸轉成大人的作息時間，如此母嬰之間的互動品質會更好。但是因為這是不易被思考的部分，被當作是壞的特質，不合做母親的愛心，而投射至嬰兒或其他家人。這個現象不是要說夫妻如何分工的社會合作概念，我是就深度心理學做這些推演和想像。

　　前述是針對溝通的不易，或者人生裡有不少情境是無法說清楚，無法有言語能抵達的地方，使得溝通不易存在，而構成了破壞力的無所不在。進一步來說，比昂

對於溝通則是使用了另一個語詞linking（連結），他在一篇相當受歡迎的文章「對連結的攻擊」（Attack on linking,1959）裡，主張很多事物之間是有連結的，只是被破壞本能所攻擊而失去了連結。這意味著作為分析師需要傳遞的溝通，則是將那些先前被破壞本能攻擊而失去連結的材料，再重新連結起來。

　　依比昂的說法來延伸，分析的技藝除了詮釋移情外，更需要涵容和連結，以及思考理論來處理那些被破壞的連結。這不全然和克萊因對於負面移情的詮釋有所衝突，只是另有其它的強調。依我的解讀，比昂使用連結作為分析師和個案的溝通方式時，是更有橋樑的意思，如果連結佛洛伊德對於島狀記憶的現象來說，比昂的連結就像是在被破壞本能攻擊而失聯的不同島嶼記憶之間搭建起橋樑，但是橋樑就只是橋樑，不必然就直接在連結裡傳達了內在意義的內容。而在診療室裡，橋樑是什麼？是指以什麼來連結不同的島嶼或島嶼記憶？這部分還需要發明一些工具來交流溝通，尤其個案在尋求精神分析取向的治療後，有一部分是無法仍只在孤島裡，或者在孤島裡過一輩子了。雖然意義是後來浮現的，但不是治療者給予的。

　　因此如果以移情如戰場的比喻，空虛的self裡充滿了被指派出場的兵卒，那是空虛的國王派兵和治療師作戰，被派出來的兵是指各式的症狀和問題。那是ego和id、 superego以及外在現實等三者的衝突和矛盾，理論上這是官能症層次，可以語言觸及並說清楚的矛盾和衝突，但這些兵也同時是使者，幫國王傳達訊息溝通者，代表的是自體層次和人格，理論上我們無法期待藉由詮釋而傳達某些意義洞識後，以為這些處理就會如我們期待的直接觸及空虛的國王，畢竟那些空虛的自體只能被見證。但不是宗教式見證好的改變，對精神分析來說是好壞都同時看見的見證。而且是在不知是否會變好之前的見證，好和壞同時存在自己和治療師身上，比昂甚至說這是個案在精神分析裡經驗的真理的追尋。

論 / 意義

　　一般常說的人生意義，個案常是以覺得人生沒意義，不知活著要做什麼爲主訴。包括他們來心理治療後，會很快地轉變成覺得來心理治療也不知道要做什麼，沒什麼意義。有些人就這樣子不來了，有的找理由說明何以不再來了，有的就無聲無息地不見了，可能連後來打電話要找人時也只是鈴聲不斷響著，他們就這樣子隱身在世界的某個角落。我談的這些不是那種會尋短見的人，而是一般在找尋人生意義卻遍尋不著的人。

　　如果他們後來相信自己有伊底帕斯情結，那麼他們就找到意義了嗎？

　　我是高度存疑。雖然我主張伊底帕斯情結在精神分析裡是有存在的意義，那麼這中間的門道是什麼呢？當個案知道自己有伊底帕斯情結時，照理是看見了受苦且難以消化的感受，不然何必深藏心中久遠，直到漫長的精神分析或分析治療的辛苦過程才逐漸浮現呢？可不要忘了，這個過程不但受苦，而且用掉了人生裡很多寶貴的時間和心力呢！

　　但我還是相信那是有意義的。因此問題就來了，大家說的意義是指向相同的所在嗎？或者根本是毫無交集的對話呢？那麼，以說話接近記憶的過程，在各個島嶼

記憶浮現在人生地圖時，島狀記憶之間尋找相互間的關係，會遭遇什麼的課題？不過這些是指可以藉由語言來溝通觸及的訊息。

以精神分析的現況來說，當治療師在進行詮釋時，意味著在不同事件和經驗之間做串連，讓當事者想想表面不同的事件和感受裡，有其它潛在的共同意義。不過的確有個問題需要細想，自己的人生意義是別人可以給的嗎？或者就算自己在場，自己想到的事件，需要別人在場一起看見和聽見嗎？我不想把這命題變成哲學的辯論，只想以有限的臨床經驗先做一些有限的推論，也許只是堆疊了一小塊積木。

個案通常是在抱怨的矛盾和衝突裡，找尋人生意義，但是人生意義是在這些矛盾和衝突裡嗎？其實我是存疑的。不過我需要說明，這些衝突矛盾一般是被歸類在精神官能症或伊底帕斯情結層次，大都是語言可以描繪清楚，可以讓聽的人了解他們所說的內容。因此在日常生活裡，一般人也可以很快依照人生經驗或常識，推論出可以回答的答案。

雖然那些愈常見的答案，可能是愈困難做到的事。例如，忘了吧，不要再理它就好了！其實，這些常識般的答案是幾千年文明所累積出來的見地，是有它的文化厚度。例如，佛禪宗和道家的常用語，但是通常這些語言就算是常識，卻需要很高的境界才做得到的。

　　畢竟如果難題是源自於，比這些可以說得出口的矛盾衝突，還要更深的所在，怎麼辦？真的有這樣的所在嗎？我是依著前輩的主張，認為是有這個所在，這是一個難以說清楚卻覺得有它的存在。但是會覺得它的存在，常是在有空洞或空虛感時，它才被突顯出來，而且是以說不清楚是什麼的方式，呈現在人生舞台上。那是很難清楚捕捉的情境，在診療室裡呈現的是，對治療師的移情是像戰場般的情景，有兵卒，也有使者，那些都是空虛的self（國王）派出來的。

　　self是言語難以抵達的地方，那是就算說要「做自己」，或者有了譯詞「自體」，並不就表示我們可以說清楚那裡是什麼。尤其是對有早年創傷的個案來說，要做自己的自己常是空虛的，講不清楚要的是什麼，很難用語言來觸及的。就算是使用「空虛」這兩個字，也不表示就等於他知道那空虛和空洞是什麼意思。

　　雖然會以「不知人生的意義」作為主訴的問題，但是這裡所被呈現的意義，常是難以被填滿的，也就是任何後來尋找的意義，都很難是個案想要的。就像是人生名片上填滿了頭銜，仍覺得不會飽的，難以描繪的處境。也有人以「自戀」來形容這個領域，自戀這兩個字是無法送當事者到達那個區域，因此自戀這語詞只要出現時，就像是丟進空中或大海裡。

　　例如，克萊因理論裡的壞小孩，是否了解大人的話？

是值得疑問的，但是克萊因的技術卻是著重直接深度詮釋它。我假設，她可能先做了和說了不少鋪陳的話語和態度，只是不被她當作是重點而寫進論文裡，但使得她的詮釋可以被小孩以某種型式「聽懂」它的意義，而修改某些破壞的行為。這是文明的成就，讓語言可以被投送到戰場最後方的主宰者，而且對方不但聽得懂，還願意因此而改變行為，或是平靜下來。只是文明的侷限是，不滿仍是會存在的，那些不滿在面對文明時，也許是無言的，但是它依然如小火燭般照著暗黑的自己，等待某個場景再派出其它的代理者出場搞破壞，儘管表面上都是以各自的意義在爭戰。

這些說法隱藏了1940年代的精神分析論戰遺跡，所涉及的安娜（Anna Freud）和克萊因的論戰，小孩聽得懂分析師所派出的詮釋，以及它的意義能夠抵達個案內心所在嗎？並且成為他們可以消化和應用的營養嗎？這場戰爭不曾完全消失過，那是因為人性的複雜。一個人說了一些話，另一個人會如何處理，有誰能真正回答這個問題？而且人性的戰爭無所不在，除了在移情裡如同戰爭，分析師的反移情和使用的理論，也是一個戰場。但是，還有其它所在是意義仍難以觸及並發揮影響力的領域嗎？也許有，或者其實，它就在那裡。

論 / 空虛

　　空虛和孤獨是兩件事或是相同的事呢？一般常是被同時提起。如果對那些向別人說出自己是空虛和孤獨的人說，我們還在建構一些說法，讓大家知道空虛和孤獨裡，有深奧的人生哲理值得追求，那麼這些美麗的話到底是一種罪惡，還是幫人解脫的路呢？

　　這是可以使用漂亮的語言塞進去，而覺得不再空虛，不再孤獨的嗎？其實，我是存疑，我是主張這是語言無法抵達的區域。

　　但如果是這樣，空虛這兩個字是什麼意思呢？孤獨又是什麼意思呢？我無意在語詞的定義上，就這兩個語詞的人生境界，分出何者高或下？而是對著一般人與人的互動，或在診療室對著世界的另一些人這麼說的，我要想想這是什麼意思呢？如果在初見面就向對方說，你的空虛和孤獨是言語無法述說的，或者是在多年的互動後，再告知對方相同的話語，是否會有相同的反應？有可能，但也常見的是不太一樣。初見面就說，可能讓對方有更大的不安，但多年互動後再跟對方說，可能說者開始覺得有一些還不太清晰的道理在其中，若是這樣，這些時日裡到底發生了什麼事呢？

　　起初，空虛這兩個字一出說口，常常更像是要讓眼

前所有的一切都變得沒有意義了，卻偏偏又要聽見這句話的人，可以給些什麼意見，但是就算送了最美好的意見作為禮物，對方卻可能沒帶走，或者下次碰面時依然說空虛，甚至可能說上次給的意見變成了妨礙，拿去使用了卻更糟糕。或者有些像是房間很大的空虛，但門口太小了，愈大的禮物愈進不去家裡，還害得接受禮物者整天擔心，被放在門外的禮物是否會被別人搶走？

佛洛伊德在《哀悼與憂鬱》裡，談論的空洞或隨著客體失去而出現的低自尊，是種能量要走向零的死寂。但能來分析治療且能談話的他們，空虛常不是完全死寂的，而是掙扎、焦慮、不安、恐慌、性和攻擊都充塞在其中的複雜感受，只是一般被簡化成空虛或者孤獨。

如果空虛是國王本身，那麼不論是來自生理或心理原因的各式症狀和問題，都像是國王派出來的兵卒，要和整個世界或分析治療師打戰。但是更大的難題是，這些兵卒也是國王的使者，要來傳達某些訊息。但是這讓聽故事的人陷進困局裡，是否拿掉了問題和衝突，也等於是拿掉了使者？如果說戰爭是不殺使者，但是連使者也被解決了，是否空虛的國王將再派更多的兵卒出戰？

這是難題，卻接近分析治療師在應對和處理的主題，如何讓這種困局有更多的想像空間，也許能有更寬廣的面對方式，因為分析治療師的話，只能和使者邊打邊溝通，無法直接上達國王。這是很重要的現象，因為這種

空虛是言語無法抵達的所在。

　　也許這是溫尼科特的文章〈孤獨是種能力〉（Capacity to be alone, 1958）所描述的，孤獨是需要長期培養的能力，需要有個如同母嬰共同體般的象徵關係和過程。如果真的能夠孤獨時，就不再是一般說的那種難以忍受的孤獨，不會讓他和其他人無法相處，也不需要對孤獨再添加新意和說詞作為防衛。也就是不再孤獨了，卻不是不再需要別人，而是需要別人的方式和態度有所不同，不論重要客體是否在旁邊。

論 / 見證

　　如果空虛的自體如同空洞的國王，是無法被他人以言語說明它的意義，而且國王派出去溝通的使者，也是作戰的兵卒，雖然國王的心意也許只是要防衛自己，避免空洞的自己被發現。但是由於人的退行機制的存在，使得國王擁有無限的展現症狀和問題的能力，彷彿是無窮盡的製造問題的人。如果我們只跟他派出來的症狀和問題交戰，我們是無法和國王溝通的，但是如果硬要塞意義給這些空虛，也是很困難讓空虛就不見。更多的光進來後，卻不是一般預期的，暗黑就不見了，而是暗黑以更多的變形存在著，只要有機會馬上如雨後的青草再長出來。

　　如果說這些空虛只能被見證，這是什麼意思呢？這裡所說的見證，是和給予詮釋和意義是有所不同的策略。就像小孩發展過程裡，有某個時候，會一直要求父母看著他正在做的事，或者要求父母說些什麼話。他們明明就已經要開始自己玩了，父母如果要多教他如何玩，小孩可能更生氣，他們只要父母看著他，或者說些他們想聽的鼓勵的話。但是這些話又不能說得太過頭，到底父母看見小孩玩著自己的把戲，是要做什麼呢？

　　也許運用溫尼科特（Winnicott）所說的，沒有嬰兒

這件事，有的是母嬰共同體（也會是移情的一部分），因此小孩要父母看著他正在玩耍時，是把情景拉回到溫尼科特所描繪的這個景象嗎？或者可以說這幕景象是母親的見證，如同寇哈特（Kohut）的self-object裡自體和客體共存（也會是移情的一部分），自體被這個客體所見證，因為沒有純粹單獨存在的自體，而是隨時有客體映照的自體，兩者是共同體。我舉出這些例子是意味著，他們的論述值得再深究。

「見證」這語詞是早就出現在天主教或基督新教裡，如果運用於精神分析和分析治療時，是完全相同的意義和作法嗎？如果「見證」是只聚焦在好的部分，那麼壞的部分是如《文明及其不滿》裡的不滿仍會興風作浪。雖然一般是覺得，經由我們的眼睛和語言，指引個案看見那些正向的，但這常是另一種方式評論負面的因子。

大家需要好好想一下，以2016年美國總統選舉為例，除了很多的外緣因素，就歐巴馬的進步意識型態，以及良好且正向的說話術，是贏得不少掌聲，且讓人覺得很溫暖的。但何以後來的結果卻是，主流媒體不喜歡的川普選上了，投票給川普的選民不在少數，這反映什麼呢？大家不是常常看見歐巴馬的風采嗎？卻是不願將票轉給希拉蕊？或是川普的存在就是反映著，其他人看見了不同的樣貌？

我無意簡化說何者為對或錯，只能說實情一定比我

想得到的更複雜。見證是否如同溫尼科特所說的，母親和嬰兒的共體，是母親的眼睛看著嬰孩，說著目前診療室裡不會說的語言，卻是嬰孩長大過程的重要部分，構成了人和人之間最原始的見證。這種人和人的見證下，人們長大形成了這個世界的樣貌，卻是一種米養百種人，所以對於母親的見證，仍有很多還需要再了解和想像的。

論 / 罪惡感

　　這是個重大的命題，人需要罪惡感這種感受嗎？不過，它的確就存在於日常生活裡，好像是某種病毒根深蒂固存在人的心理世界。那麼到底罪惡感是好東西或是壞東西？或它跟好壞無關，還有其它角度來看待罪惡感這項重大影響生活的感受？

　　不少人會覺得被罪惡感煎熬著，不想要罪惡感，但更常見的，也最不被當事者接受的是，他們竟然有罪惡感，怎麼會呢？他們覺得自己不是那種人啊！也有另一種，則是隨時可以表現出來，或者說出來他們充滿了罪惡感，但是每當他們說出罪惡感後，他們就會間接流露，他們曾做了某件對不起誰的事情。

　　罪惡感的樣貌是如此多重，那些使用相同詞語的情況是相同的事嗎？或者罪惡感這個語詞早就有了多重身份，或者根本就是不同的感受，只是被套用在這個詞語底下呢？

　　我何以要談這些疑問呢？

　　其實最常見影響大家的觀點及後續處理策略的是，當某個人做了一件大家公認是錯誤的行為時，如果做錯者表現得很有罪惡感而自責，這是好事？或是跟好壞無關的事，或有可能不見得是好事呢？我對於罪惡的這些

描繪，也許是大家耳熟能詳的故事，只是可能大家不敢或不好意思疑問，爲什麼有些人一直在你面前說他們有罪惡感，或者沒有說出口，但你感受得到他們是在這麼說？

不論如何，並不是所有這種場景都是讓你感到舒服的，而你對於這種不舒服，卻也不知道是爲什麼？或者只覺得不想再多聽，對方說那些他們感到罪惡感的事情？因爲你可能覺得，只是說不出口的不舒服，但是當你不想再多聽對方說那些事情，反而使你覺得不好意思，或者是某種擾人的不安感？或者就是直接感受到，由於對方有罪惡感，如果你不再幫對方或聽對方說，他們的受苦或做錯某件事的懊惱，你也會變得有罪惡感？

到底這是怎麼回事呢？你的種種反應到底是你的問題，還是對方傳遞給你的？以某種很微細不易被察覺的方式，讓你也陷在那些情緒糾葛裡？如果我說這個過程和感受，是日常生活裡常見的情況，只是因爲這些複雜的感受難以消化，就變得需要找各種理由來避開這種困局，這是怎麼回事呢？是否是罪惡感這個很奇怪的感受，像病毒般地在人們之間傳遞著，那麼如果可能是這樣，我們還可以有其它想法，來看這些複雜的糾葛？

從這些現象來看，可以區分有一些是意識上的，有一些是潛意識的。有一個嚴厲的監督者在審核當事者的感受，這個監督者在佛洛伊德的文章裡，顯示他從1900年

《夢的解析》開始，就察覺它的存在，並影響著夢裡可以出現哪些景象。或者需要經過某些改變調整，才可以用變形的樣子出現在夢裡，讓夢不是一般人想像的，是那般直接的內容。然後，佛洛伊德在後來的文章裡仍是隨處可見，他是在描述這位監督者，直到1923年的文章《原我和自我》（The ego and the id, 1923），才首次正式替這位監督者命名為「超我」。

　　這位「超我」是讓當事者覺得罪惡感的來源。由於前述種種複雜情況，大部分是當事者不自覺的現象，也就是超我的運作是潛意識層次的，它是嚴厲的主人，以壓迫式的方式要求當事者。但是由於不自覺，或是以要求完美的形式出現，讓一般人很難看清楚，以完美為訴求是很難被拒絕的現象，因此增加了當事者和周遭人之間的受苦。畢竟要自己和別人不要那麼要求完美，並不是嘴巴說說般的容易。

　　因此當這位「超我」的要求是如此高張時，人在難以承受下出現了罪惡感，只是這種感受的起源受到超我的監管，因此不必然當事者在意識上會知道，是什麼事讓他們如此有罪惡感。這也是何以常見，有人為了大家都覺得不必要的小事而有罪惡感，這很難讓人想得通。的確很難想得通，因為超我的監管下，更大的受苦被以其它方式調整過了，變成以變形樣貌展現，因此久而久之連當事者可能都不知道原來是什麼了。

　　不是要替有問題的部分找開脫的理由，將事情都歸咎於不知道的潛意識就好了，而是值得再仔細想想，在這些複雜的心理世界裡，當我們一般都覺得有罪惡感，然後一些不當作爲就會減少，但是常見的卻是，不見得如此，反而變得好像需要有一些不當作爲，才會讓某些人的罪惡感可以有機會出現，作爲和人互動的方式，這是怎麼回事呢？

　　這種常見現象值得細想的是，當我們假設不當行爲是來自缺乏罪惡感，而以教育讓對方有罪惡感，這項作爲是增加行動化，或是減少呢？或者都有可能，不論如何只要有這種可能性就值得我們再回頭好好觀察和想像，是怎麼回事？甚至要敢假設，是否這些不自覺的罪惡感是不當行爲的起源者，有些不當行爲是做給推動罪惡感的超我看的，這是什麼意思呢？我只能說先不急著下結論，因爲還有很多需要再想想的。

論 / 戰爭

不是外在世界的戰爭，而是比喻內心世界的戰爭。

某男個案自小覺得活得沒意義，甚至一度曾想要結束自己的生命。後來和年紀比他大十幾歲的女友在一起後，不再那麼想死了。目前是幫忙家裡做些事，並由此獲得生活的支助。他表示小學前的記憶是空白的，只由大哥大姐和母親的說法裡，獲知父親以前會打他，他常犯些小錯讓父親出手打他。但他說自己全然不記得這些事，只覺得生活很空白，不知道要做什麼才是有意義的事。曾經出國讀書，但是未完成學業就提早返回家裡。在診療室裡，他說的故事裡大都是和父親之間的爭執，目前父親不會出手打他，但他覺得父親是個不可靠的人，不知父親在想什麼。但是個案又說自己知道怎麼做，來順著父親，並從這種順從裡得到一些利益。

他在診療室裡也常談論著，在生活裡如何努力替家人著想，替家人爭取一些權益，覺得家人根本沒有像他那麼在意那些事，只是他為了那些利益常會整晚難入眠，心中不斷想著要怎麼做才是最好的。包括來治療前也常整晚失眠，想著要說些什麼才能表達自己的想法。他不想讓治療者誤解，他的故事就只是這種和家人及女友之間的矛盾衝突而已。

　　個案內心裡始終覺得自己所做的努力是沒有意義的，覺得生活上充滿空洞感。

　　比喻上，像是個案派出精神官能症症狀，如同兵卒般上前線和治療師打仗，逼得治療師要回應這些症狀，要治療師將這些症狀兵卒一一消滅。但他仍是不斷派出兵卒，好像永遠有問題可以派出來，上戰場和治療師拼戰。在後頭陣營裡坐陣的是空白的國王，空洞般的心情，做什麼都是沒有意義。意義是陽性的象徵，他的內心空洞裡坐陣的國王，根本不在意前線的輸贏，好像人生就只是需要打仗，一直打仗。或者從另一角度來看，那些兵卒是在保護這位空洞的國王，好像做什麼都沒意義卻仍需要做。

　　這種空洞和空白感就像他心中一直不了解的父親，不知父親何以無緣無故打他？也不了解後來空白的記憶，但這些空洞裡有位國王在派兵出征，讓人生就是一直在戰爭，這是他的人生。

　　矛盾是需要詮釋和意義，而空洞需要有人見證他的如此，必須是如同父親那樣的人來重新見證，他當年是如此無助，以及他不是故意犯錯。

　　他的空洞感和沒有意義，乍看是要以意義讓空洞不再是空洞，但是空洞卻始終只能是空洞，這個空洞像是常年的疑惑和失落所形成的空洞，充塞著疑問，不知道父親在想什麼？不知父親為什麼無緣無故打他？這種空

洞感質變成生活沒有意義，雖然覺得跟母親是親近的，可以跟母親任意說話，但是對母親的這種感覺，包括和年紀大十幾歲的女友的關係，仍無法補滿那種空白感裡的意義。

空洞和沒有意義之間的關聯是什麼？質變是如何產生的？因為他只說生活沒意義，而不是說生活是空洞，因為外顯出來不是空洞，而每個故事裡都是充滿了矛盾和衝突讓空洞感不被察覺。雖然聽起來更像是在說明這裡很空洞，需要很多故事的衝突來讓空洞可以熱鬧些，不然死寂是更可怕的感受。但是人生沒有意義的感受卻是他一再述說的，如果焦點在意義，意味著他是在尋求生命的意義，以及矛盾衝突的解決。這好像是說仍有解決的方向，或者這些解決的方向，包括不斷地尋問意義的課題，卻更像是實質地構成一道城牆，圍住了空洞，讓空洞一直存在卻不被察覺。

這種空洞不是全然像佛洛伊德描繪的，失去重要的親人後所呈現的空洞式的憂鬱。這位男個案的空洞雖稍有憂鬱的味道，卻更像是充滿興奮不安能量的空洞，或者這個空洞裡是一直有戰爭發生著，但不被覺得是戰爭，而只是在求生存。很困難只從個案所說的故事如此感覺，但是卻可以從他對治療師的反應裡，感受到這場內心裡的戰爭，是以相反方式來展現。

例如在治療過程裡，治療者常常覺得要以維護自己

的權益的方式，散發出戰爭的氣息，因為個案好像隨時流露著冒犯的態度。讓治療師難以下嚥的是，個案將治療師捲進爭戰裡，例如個案期待會談時間能隨意更改等議題，卻又始終覺得打著沒有意義的人生戰爭，只因為意義早就從他的人生字典裡被抹掉了。就是一直需要有自己不覺得是戰爭的戰爭，而且人生的全部從頭到尾都是沒有意義的。

　　這挑戰著作為治療者，如何面對正在處理的這場戰爭，而且讓它變得有意義。雖然這種意義是無法強加在個案身上，但至少這是起步，徹底為一場注定沒有意義的戰爭開打，甚至大部分時間，不是為了讓它有意義。畢竟，這種期待只會帶來困局，而難以走出下一步，更像要見證一個人為了注定沒有意義的人生開戰，而且像卡通裡的人物，戰死了可以活過來繼續戰下去。

　　更準確的說法也許是，不是見證有多少矛盾和衝突，而是見證沒有意義的人生卻是他的大部分人生，雖然他覺得沒有人可以充當他的見證人，卻暗暗希望，當撥開戰爭的矛盾和衝突後，有人看見他背後是如此空洞時，請不要有訝異的表情。他的哀傷只要好好被見證「就是有空洞」，在眼前是他自己看不見的自己，需要別人見證時不要有驚訝、不會想要避開他的空洞感——只因為那是他一直避開的所在。

論 / 餘地

這裡的餘地是指日常語言裡「留有餘地」的餘地。

一般被用在帶有勸告意味的倫理氣息，例如做人要給別人留有餘地，不要把關係推到無法轉圜的地步。有人被勸說不要把話說絕了，或者不要把事情做絕了，在人際上留給別人餘地，甚至是對有敵意的對象也是如此。這種勸世意味的說法，也許有替自己未來著想的擔心，人是不可能隨時保平安，總是會碰到需要別人對我們手下留情的時候，讓我們還有空間走下去，而不會一下子就走向無法轉身的地步。或者是一種高度的人性修養，不論是贏是輸，總是留給對手一些餘地，讓對方可以有重新再站起的空間。

舉出了這些日常生活裡的例子，這些情況是否會出現在個案和分析治療者之間呢？分析治療者在專業職人的規範裡被期待是中立，但是中立的目的是為了什麼？中立是人性上不容易做到的，當我們可以做到中立時，就是值得大書特書的事了？當我要談「餘地」這個日常用語，它和精神分析有什麼關係嗎？

本文是要以這個語詞來談論診療室實作裡的某種現象。

精神分析家溫尼科特在英國被當作是客體關係理論

的重要核心人物，他曾說過的名句是「沒有嬰孩這件事，有的是嬰孩和母親」。這句話有不同的解讀方式，我的解讀是任何人的心理發展，都需要有另一個人在場跟著他一起，而且是以活生生的方式在一起。溫尼科特另有一個重要的概念，他觀察小孩子在某段時期會有一些特別喜歡的物品，某條棉被或某件玩具，例如泰迪熊等，如果它被清洗後，那些東西就失去原本的魔力了。從這種變化才知道，原來那些物品對於嬰孩竟是如此重要。

　　這個客體被當作是替代物，是可以穩定小孩情緒的重要物品，他把它命名為「過渡客體」。這裡的過渡是指中間的地帶，是外在環境裡真實有的物品，但是對小孩的意義又是重要的心理意義。因此它的本質既不在外在現實，也不全然只屬於內在心理世界。不論過渡客體和過渡空間的存在，這只是溫尼科特從他的臨床工作所發現，並加以描繪出來的現象。他看到這個抽象又具體存在的過渡空間，是讓嬰孩能發揮創造力和想像力的地帶。

　　在消化這些外來語的過程，我覺得「留有餘地」概念裡的餘地，是有過渡空間的功能，而且湊巧地都是以空間來形容。我相信使用留有餘地的我們，是知道這語句裡的空間並不是土地上的空間，而是在人際之間或者在心理層次裡有那樣的空間。雖然引用「餘地」來貼近過渡空間的概念，接下來運用時，如果我們改換成只以「留有餘地」來思索分析治療過程裡的技術課題時，是

否有需要加進「留有餘地」這語詞在我們的日常說話語境裡，是有前述的倫理或者修養的意涵。因此在語詞的碰撞過程裡，我當然是希望我們仍得保有原本過渡空間想表達的概念和技藝，而不是回過頭來以餘地的概念完全蓋過原本的語意。

雖然我們在精神分析取向的專業職人工作裡，也可以進一步自問，是否需要前述那些修養的語意所代表的相關日常技藝？精神分析師或精神分析取向心理治療師的養成過程，是一種專業職人的訓練過程，這個過程涉及我們的日常用語裡「修養」的培養嗎？或者修養這語詞太過於道德化了，和精神分析取向的養成是無關的？我個人對於無關的說法是持保留態度，因為這必須從相關專業職人的工作狀態和他們如何描繪自己的工作裡，在專業養成過程是否有和「修養」這日常語詞相互交集的範疇？

但是我並不想說一定有修養的內容，而是抱持著來自西方的精神分析，在台灣落地生根的過程，是需要讓我們的日常用話和外來語之間的消化互動，有被意識化的過程才能被後來的學習者思考。

例如，留有餘地在我們的日常語境裡，是有著做人的道理的意味，是讓別人有空間，而不是把話說死說得沒有轉身的餘地。至於如何述說並點出了要點，但並非是以對錯的說法出發，把被當作錯的想法逼得走投無路

而只能反彈？這不是是非不分，而是還有是非之外的其它課題。這是需要訓練的，不只是話語術的訓練而已，而是人和人之間要把事情做到或說到留有多少餘地，讓對方依然還保有自己的空間來同意或者不同意？

　　換另一種說法是指，非黑即白或非對即錯的中間，有多少的過渡空間呢？如果從空間來說，當有更大的空間時，我們會覺得轉身空間不少，不會在關係裡常常陷在某種緊張，好像做什麼都會冒犯到對方的感覺。另，有趣的事，在1940年代英國的精神分析界裡發生的論戰（參考林玉華和蔡榮裕合譯的書《佛洛伊德─克萊恩論戰，1941-1945》），是來自安娜佛洛伊德和克萊因之間的論戰，當時包括溫尼科特等人在論戰裡是不介入兩方的，起初被稱為中間學派，也許中間學派的存在起初難免被兩端的同儕所垢病，但是是否中間學派的存在，才有機會讓在兩端的論戰者不致於變成只是你死我活的決裂式論戰。雖然也有人覺得，當初其實不必硬要在一起，倒不如早就分裂成不同團體，是否會有更自由的發展呢？

論 / 乳房

　　不可諱言，女性的乳房是性感的客體，但這是什麼意思呢？從精神分析的角度談乳房時，和一般的說法有何不同嗎？我所談的依然是保有乳房的性感嗎？

　　其實我一點也無法確定，我所談的乳房是否會有生理性的快感，畢竟我是藉著語言述說乳房這件事。在精神分析裡的「性」是什麼？

　　首先大家可以想一想以下三個圖像。第一個圖像，還不會說話的嬰孩緊咬著媽媽的乳頭；第二個圖像，是剛學會說一些話的小孩，雙手緊緊抓著媽媽的乳房，說喜歡媽媽的乳房而且一輩子都只屬於他；第三個圖像，青少年抓著媽媽的乳房，說這個乳房永遠屬於他。

　　有些人會覺得只有第三個圖像有性的意涵，前兩個圖像不屬於性的範圍。前兩者是否有性的意涵？這是我們常說的人性的性，或是有佛洛伊德講的性的意義？對佛洛伊德來說，讓不少人有意見的是，性是人性的重要的部分，甚至是重要的驅動力。這也是有人不喜歡佛洛伊德的原因，就是精神分析理論只有性嗎？這會不會是過於簡化的人性啊？這種評論是不容易回應，畢竟不是喜歡或不喜歡某個理論的課題，而是這些理論是否可以反映治療室的心理實情？

　　佛洛伊德是堅持從出生下來，嘴巴吸著媽媽的乳房時，那種嘴巴的快感就有性的意涵，只是他也說，如果到年紀大了，仍只是以嘴巴的性為快感的最重要或唯一來源，那是某種性的變態。不管這種現象要不要被稱呼為性的變態，但是從臨床現象來看，並回推目前以嘴巴作為愉快的唯一性感來源，是否是起源於生命早期的嘴巴吸吮媽媽乳房經驗的遺跡？是很困難說一定是這樣子，但是如果假設有關係，就從這假設開始觀察，也許自然地就會看出某些彎彎曲曲的關係吧！

　　是吧，精神分析是這樣子開始的。如果第一個圖像到第三個圖像都有性的意涵，那麼該怎麼辦呢？怎麼看都很不同啊，如果都說跟性有關係，這是什麼意思呢？會不會太牽強啊？其實這涉及性的「質」是什麼？例如，第一個圖像和第二個圖像對媽媽來說，都會是很愉快的事，畢竟自己的小孩對自己緊緊接觸，總是有很貼心的感受。或者這都是同樣的字眼：「性」，在這兩個圖像裡的感受的「質」？

　　至於第三個圖像的性，可能就很明確了吧？但是也不一定，因為可能只會覺得很噁心，不是覺有性的感覺。一般人會覺得這位青少年可能是在冒犯媽媽，是什麼方面的冒犯呢？我相信大部分人會覺得，是跟性有關的冒犯，但是對於當事者來說，可能會對於這跟性有關的說法覺得很反彈。

　　至於到了精神分析家克萊因，她是首位把母親的乳
房搬到理論上，具有明顯的位置，讓她的理論好像是在
母親的乳房上建構出來的。不過她對於乳房，並不是從
乳房是否性感的角度出發，她談母親角色裡的乳房，是
跟母乳有關的乳房，不是指女人的性感乳房，跟性的欲
望是遙遠的距離。也許跟隨她的精神分析者，不見得完
全同意她的論述裡間接呈現的，母親的乳房是被去性化
的乳房，不是女人胸前具有吸引人們目光的乳房。

　　甚至克萊因還從佛洛伊德所說的死亡本能出發談論
乳房，所以這可能被誤解為，不但把乳房去性化，甚至
還把乳房安上了死亡和破壞者發源地的位置。性的乳房
和死亡的乳房，一般會比較容易接受哪一種論調呢？在
我們的日常生活裡，是較少聽到死亡和乳房的比喻有關，
但是這就表示克萊因的說法不易被接受？實情上也不全
然如此。畢竟，克萊因的論點從1940年代左右至今仍有
不少的影響，雖也引來不少批評。

　　不過克萊因的乳房觀，是從嬰孩的角度來說，是從
人類最基本的食欲出發。在我們的文化，食和性是有某
種相關聯的，兩者都是最基本的人性欲望。她假設嬰孩
是主動的發動者，而不是被動地接受母親的角色，如果
他餓了，而母親的乳房晚來了，這會讓嬰孩的惡意被擠
出來，而投射在母親的乳房上，讓這個乳房是個壞乳房。
如果餓了時，母親的乳房即時滿足他的食欲，那麼這時

的乳房是好的乳房。

　　這個乳房從好和壞的基礎上，變成了象徵物，這種象徵所投射的就不再只是女人，而是男人也會被投射這些功能。如果是太多挫折的累積，成為好人和壞人的分類基礎，那是和倫理較有關係了。不過她的追隨者後來也盡力在論文裡，談論跟性有關的課題，但是乳房仍大都是跟好和壞有關，而不是作為女人性感帶的象徵物。克萊因的學生裡很有名的比昂還說，如果要追求科學的話，最基本的真理發現是，後來發現好的乳房和壞的乳房都是同一個人的。這對不少人來說，並不是理所當然這麼想，而是需要經歷千辛萬苦，才能體會到的一點點人類的真理。

　　最後，再問一個問題來一起想想。

　　如果說母親的乳房是性感的，和說女人的乳房是性感的，兩者間有何種差別嗎？這是對母親的冒犯嗎？或者對於女人不是母親時的乳房，有什麼象徵的意涵呢？

論 / 陽具

　　如果我從某些偷窺者常見的反應來談陽具和陰莖，不知道會變得怎麼樣？

　　這個現象不是少見，因此就顯得更有普遍的意義吧？偷窺者在偷窺女性後，偷偷地手淫，而不是直接肢體侵犯女人，這可能意味著什麼呢？我試著從偷窺者的角度，來談兩種使用陰莖的不同方式。

　　首先要區分penis和phallus，這兩個被創造出來的字詞如何中譯？仍是眾說紛紜吧！不過我先採取把具有生理意義的penis譯為陰莖，而具有象徵意味的phallus譯為陽具。在英文是有約定成俗的意義，但在我們的日常用語裡，譯詞是被交叉使用的，只是在本文為了說明的方便，我先暫時任意地如此區分。

　　雖然我說是任意，還是有字詞本身陰和陽的不同所帶來的差異。雖然陰陽是一體兩面，也可以說是共體的，就現實層面來說，具體生理的陰莖，除了小孩子外，是不能隨便外露的。甚至小孩要多大後才不能再外露，也是一個有趣的課題吧！雖然法律上有投票選舉權是二十歲，但是沒有規定小孩在幾歲後，如果外露陰莖的話就會涉及法律問題。是以約定成俗的在開始讀小學後嗎？因為這是開始讀書識字，開始要學習更文明的開始。或

者是在青少年的國中左右呢？因為這時候是過了性心理發展的潛伏期，開始有明顯的第二性徵出現，也就是開始有明顯的勃起，且勃起前後的比例是差別很大的。

　　也就是陰莖在某個時候起，是不能外露的，必須保持在陰暗的褲子裡，這是有陰面的字義呢！至於能不能摸著雞雞，則是看每個家庭裡觀點吧？愈文明就會愈早不准小孩公開摸自己的雞雞？如果是偷偷摸呢？在多大的時候被看見偷摸時，會被認為不恰當？這意味著其中含有色情的想像，可能在家庭裡早就出現潛在的管理機制，偷摸的行為會被禁止。

　　至於陽具（phallus）是被用於生理性之外的象徵意義；是具有我們的語詞裡所謂陽性的意義；是可以公開的，而且這種公開是具體陽剛的介入或規律的意涵。例如，語言被當作是具有陽性的功能，或者有人引伸至包括上帝律法等。我以語言和說話，進一步說明陽性功能的象徵，不過這些陽性象徵的說法，是從我們在地的文字和文化角度，不是歐美那般的追溯字源意義。不過精神分析既是源自於歐洲，這些象徵說法也是我們要了解目前文獻中的意義的必要過程。

　　就算是字源學的問題，在台灣對待性的課題仍是有這兩種面向。日常用語上也是會出現，在某些情況覺得被強迫、被強塞某些要求和想法時，會說像是被強暴般。說者和聽眾都知道這是一種象徵的說法，也可以說是屬

於陽具層次的用法，不是真的有人拋出陰莖進行生理性的暴力。甚至如果要形容的是女性對於他人的強迫，也是會使用強暴的字詞，雖然女性沒有男性生理的陰莖。這意味著大眾的潛意識裡，認為女性仍是有或曾有陰莖，只是後來不見了？因此形容女性強迫其他男性或女性時，仍會使用強暴這個字詞。

如果是這種可能性，就意味著佛洛伊德所描繪的「閹割情結」是有它的可能性，只是以隱微的方式存在著，或者有不認同閹割情結者覺得，那是套用男性的陽具主義在女性上。不過如果日常生活裡，對於女性強迫他人也常是使用強暴的字眼，這個更是源於男性陰莖的暴力作為日常用法，也許仍有它的深層意義，或者只是純粹涉及象徵的陽具層次，全然不涉及生理性的陰莖層次。

回到開頭時提到的，某些偷窺者偷窺時或之後自行偷偷地自慰，而不是尋找女人完成陰莖的欲望。這個現象仍需要再思索，只是這不是那麼容易真的了解，畢竟這種愉悅感的存在，當事者何以需要自己說出來讓愉悅感被削減呢？因此我假設這會是永遠的謎題，因為是幾乎無法說得清楚的，因此大都是來自猜測，而且沒有理由要放棄不斷地猜測和想像，何以我這麼推論呢？

我試著從兩個方向來談。

首先，或許可以想像，偷窺後，他再度且確定發現陰莖是長大的，且持續存在著，這是對於陰莖的滿足。

對他來說是否進入陰道，相對的不是那麼重要，而且從勃起到射精，都是在自己親眼可見的過程，這種看見是重要的經驗，或是在尋找並確定仍存在沒有被閹割掉的興奮。

第二，涉及有多少是無法言喻的感受。雖然就精神分析來說，是崇尚語言和說話的價值，但是當我們以專業職人的溝通，發明了一些字詞作為平台，有些字詞術語是一般人可能且容易理解的，但是有不少字詞是言語無法直接觸及的，只能在它們的外顯象徵物上摸索和想像。那些無法言說的，可能是什麼？包括前述案例何以除了目前想得到的假設外，另有多少現象使我們覺得不可思議？是否因為那是超過語言能夠形容的內容？

就像是本能層次的驅力，像一朵花生而為花，就是注定設法要開花的，或就像一定要倒出盆子裡的水，有可能不會弄濕嗎？就是要做了，而不是說話可以阻擋的，就是要興奮射精了，能夠不自慰或者做愛嗎？雖然意識層次的現實原則，尤其是律法和倫理，可能有緩衝的功能，但是具有陽具功能般的律法和倫理，也有它侷限的時候，這種侷限就是起源於，那種無法言喻的本能欲望尋求滿足的過程。

這當然再度涉及語言，描述過程的語言是陽具般的功能，是要說穿些什麼的，也是文明談論陰莖的欲望時，語言的文明功能會和欲望要滿足，兩者產生什麼樣的衝

突呢？如果因此帶來不滿呢？也就是，如果說了會讓欲望的滿足因此減少，那麼他何以需要說呢？畢竟語言是高度化的象徵活動。

因此涉及了一個大命題，陰莖所代表的生理性的滿足，是能夠被象徵化嗎？因為本能就是要滿足自己，差別在於找什麼對象，或者要滿足的時機是否有現實原則的介入？其實當佛洛伊德提出「昇華」這個語詞的時候，就是呈現了他期待欲望的生理滿足外，另有其它的路徑可以被象徵化地處理，而不見得一定要有欲望的生理式滿足。

的確是有成功的例子，例如轉換成其它的創作活動，這種說法卻又被簡易地理解成，藝術和其它活動是昇華的結果。只是這種說法卻帶來了其它困擾，讓不少質疑是否這種說法貶抑了藝術的價值？另外更常見的，當事者覺得使用了各種方式，要轉移或昇華自己的欲望卻是失敗的。不過這仍是一個值得再觀察的命題，欲望的生理式滿足，是有可能被其它方式以象徵方式而解決嗎？或者它的侷限是什麼？

論 / 父親

　　已經很久了吧，「父親」的課題都被當作是遙遠或者缺席的角色。不少心理學者和社會學者在討論心理學和某些社會行為問題時，常常描繪父親缺席，而辛苦撫養小孩的母親，卻和長大的小孩有激烈衝突但又依賴很深的互動關係。

　　回頭來看，這幾乎是一種固定型式的說法，讓我再思考的是，這種論述和歸因是有思索問題嗎？或者已經變成一個簡便的答案，好像這個圖像就可以說明和解釋很多問題的起源了。實情是這樣嗎？我試著從精神分析史裡，幾個我較熟悉的論述的變化，加上對目前社會情境的猜測，來談談「父親」是需要再回到後設心理學的視野裡。不論「父親」是以什麼姿態存在著，如果不多看看是怎麼樣的存在，「父親」就真的愈來愈缺席了。

　　我的初步想法是，可能佛洛伊德是以對於陽具和小男孩的描述為基礎，因此有些女性主義者評論為是男性的沙文主義，因此如果再繼續觀察男人和父親，會如何影響人的心理學發展，就變成了某種政治不正確的處境？我是覺得以這種角度來評論佛洛伊德的觀察和詮釋，是過於簡化到後來就變成不用思考的評論。

　　當然啊，這種情況如果發生在精神分析取向者，不

假思索也不再仔細觀察臨床過程時，就很快以一些情結來解釋複雜的心理流程，也是變成某種簡便不必再思索的現象。這些狀態就算曾經很有道理，可以看見原先不足的地方，但是如果後來就一個概念使用到底，會變成不再思考只是制式反應了。

先回到診療室的實作，和督導治療師做個案後的討論作為出發點。

多年來，在各式個案討論會最常出現的臨床描述，個案的心理世界裡大都是父親不見了，只有母親和個案在生活上充滿了衝突和相互依賴。也就是在分析治療的過程裡，當我們採取由個案依自己方式談自己的故事時，不少個案，不論男或女，常常很少主動提及父親，不論偶被提及的父親是可靠的或是不可靠的缺席者。

在會談情境裡，父親很少出現在舞台上的情況是件有趣的現象，可能被推論成「既然如此，那麼要處理個案問題的方向，就是把父親找回來」。尤其是個案眼前的世界裡，大都是沈浸在和母親的衝突時，處理策略就變成要如何隔離他們和母親間的過多互動。如果是這麼想時，治療的方向就容易變成在處理外在的父母之間的問題。

不過除非改變成家族治療的模式，如果依然採取以個別個案為主的治療時，就會面臨治療者和個案在談論都是診療室外的故事，而治療師完全無法確定這些故事

有多少眞實。結果是治療的所有最後評量權都來自個案，治療者卻很難有機會眞的知道診療室外的實情。這讓這些治療模式變得有些奇怪，完全在處理個案帶來的故事，但是我們卻全然不知這些故事在外在現實裡的情況，這是以個案爲重的處理嗎？

我們可以再進一步想的是，個案在說自己的故事時，傳遞給我們的感受是什麼？是否是讓我們過於認同了個案心理世界的結果？也就是，個案在診療室裡會談的素材，理論上是受到個案對治療師的移情的影響，個案會說什麼事件，以什麼方式述說，都是潛在受著他認爲治療師是在什麼狀態，而會有不同的說法和不同的故事細節。或者從另一個角度來說，是經歷過什麼心理流程，讓治療師的心中也變成父親都被排空了？是不知去向的父親或這是個案母親心中的父親？

不過這種臨床現象值得思索的是，何以在個案的心理世界，父親和母親變成了兩種沒有同時存在的現象？當個案重複說著母親，而未讓父親出現在說話的舞台上，就表示父親不存在嗎？是否父親在那時候是母親的陰面（negative），兩者是互爲陰陽面，是一體兩面的意思，這是開始嘗試了解深度心理學裡人性的複雜。不過就算是這麼說，還是不能忽略前述的情況，何以精神分析的後設心理學和不少治療師的想法上，近來都是顯現「父親」不見了呢？

　　可以想像的疑問是，到底父親是被誰踢走了呢？如果有人說是女性主義，我會說也許，但這種說法是否是另一個怠惰的開始？一個說法就足以說明複雜的心智？當然可以回頭來說，如果佛洛伊德的後設心理學都是談論陽具，是男性沙文主義，這種說法有它的時代意義。但現在來說也是一種怠惰，以為用女性主義的概念就可以推翻佛洛伊德以降的後設心理學。自然不能忽略何以人性上容易有此傾向，讓父親不見了，只剩下母親乳房的論述，或只剩下母親抱著嬰兒的視野？

　　我再進一步說明這個現象。克萊因強調乳房在嬰孩心智裡的角色，嬰孩以是否能即時滿足，來區分好或壞的乳房。克萊因主張嬰孩是心理動力的驅動者，是母親乳房的好或壞的主動詮釋者，因此母親的乳房雖然重要，但更重要的是，嬰孩的心理主動運作並投射，進而建構了自身的心理反應。

　　至於溫尼科特強調嬰兒與母親的共體感，和克萊因對於母親在嬰孩的心理位置的強調，兩者並不全然相同，但是焦點都是在母親。好像主宰著精神分析設心理學的焦點，就變成了只有母親。對溫尼科特來說，母親既不全是外在現實，也不全然是內在心理的部分，而是介於兩者之間的角色。他提出了過渡空間和過渡客體的概念，讓這種介於兩者之間的地帶和客體有了名稱。

　　也包括葛林（A. Green）的重要論文「死亡母親」，

討論一些個案在生活上過得還可以，卻是有某種難以清楚的失落，曾有愉快的童年但是後來不知何故，母親雖在場卻全然沒有把他看在眼裡了。葛林主張對這種個案的分析技術需要調整，因爲如果個案心理上覺得治療師如同那種死寂狀態，如果分析師只是詮釋個案心理世界的意義，並不會帶來個案的改變。因爲和一位死寂的治療師工作時，個案不會有所進展。

這些重要的論述讓焦點都在母親，而父親好像真的都不見了，這是怎麼回事呢？何以憂鬱如同死亡般的母親，是以死亡般空白的方式存在著？但仍是可以觀察和論述的焦點是，父親果真都是缺席的角色嗎？或者如比昂所說的，no-breast的no並不是不存在，而是以no的方式存在。如果依這想法來說，就算父親的存在是以缺席的方式，那麼父親的no似乎相對被忽視了，父親的no會以什麼方式影響嬰孩的心智發展呢？

因此需要在臨床上再仔細觀察和想像，所謂父親常是缺席的，這是什麼意思呢？或者是否我們認同了個案的心理世界，使得我們未能從父親的分身或代替者的角度，來觀察個案在分析治療的過程裡，就像佛洛伊德表示要想像移情的存在。如果我們假設父親就是存在的，只是我們忽略了父親，因此當個案以更多時間談論母親時，是否意味著父親是在背景裡，有著相同篇幅的份量呢？仍值得思索的是，何以長久以來，父親都被當作是

缺席的，而且好像獲得不少人的支持？只是這不是數量的課題，更是質的課題，也就是，質是以no的方式存在也會有它的影響力。

　　我們可以隨時觀察，個案心中對於缺席父親的角色，如何以缺席的方式投射在治療師身上，影響著個案和治療者互動的過程，或是以什麼多重樣貌出現時，我們就會看見可能是被我們忽略的，父親的形象是無所不在。當我們給予注意力後，父親的影子或分身是隨處可見，而不是一般常說的，父親是缺席，好像父親都沒有影響到他們。

　　不過一如佛洛伊德當初，也觀察如口誤和筆誤等現象，假設潛意識的存在，假設精神官能症有潛在的心理學動機，影響著人類的行為和決定。後來再從個案起初談論自己的症狀和受苦，但是幾次會談後，個案卻開始更介意佛洛伊德是如何看待他們。這種介意甚至會掩蓋掉，他們對於原本症狀的在意。

　　佛洛伊德因此假設，這其中有所謂「移情」，就在這些觀察和假設下，一步一步堆積起精神分析的視野和領域。我說明這個現象是想表示，我們是否有必要再假設，父親的被忽略是個問題？然後再回頭仔細觀察和假設這是怎麼回事，父親何以不見了？再拉回來視野裡觀察和想像會帶來什麼結果？畢竟在認識自己的過程，要看見複雜的內容比簡化自己是更困難些，簡化常是更有

吸引力，但是精神分析要以文明的文字和談話，來發展
建構心理學時，就面臨這些挑戰了。

　　這還涉及了我們聽個案說母親、說乳房、說洞穴，
就表示那是在談母親？是否說已經發生的故事時，在象
徵上是如同說著先前夜裡的夢那般？被記得的「顯夢」
內容，是潛在不被自覺的「隱夢」素材，經由「濃縮」
和「取代」而呈現出來，也就是個案述說母親的存在，
少提及父親，而被當作父親在心理上是缺席的，這種說
法是否太把個案所說的故事當作是「歷史事實」，忽略
了那只是「心理真實」的展現？而心理真實形成的內容，
也是受到如夢的形成般，有濃縮和取代的機制作用著，
不是以一些定型化的公式般，以為夢中有突起物就是陽
具，有凹洞就是陰道，這是過於簡化而忽略複雜心理機
制的結果。

　　因此是否到目前為主，「父親」在精神分析後設心
理學的缺席，是這些情況下所呈現的結果？或者我們潛
在以為，佛洛伊德就是精神分析建構成形的父親，後來
就不再有父親了？

論 / 自由

　　更常被疑問的是，何以人有時不想要自由？但是這種不想的說法，卻又被拒絕反駁說，沒有不要自由，而是種種現實條件讓自由變得不可能，但是又希望別人給他們自由，讓他們有自由。

　　老生常談的題目，有人說過了「逃避自由」，但這卻是一個永遠會有人談論的題目吧？佛洛伊德建構精神分析後，經由後續者不斷實踐，「自由聯想」仍是不斷被傳頌般的語詞。雖然佛洛伊德是說，把腦海的任何話說出來，不要加以判斷，但是後來有人更知道，這雖然是精神分析技藝的開端，卻也是精神分析的目標。也就是，不是一下子就可以做到的技術。也許可以說，能夠真正的自由地表達自己時，是精神分析即將進入尾聲了，因為自由是目的，認識到有什麼情結，不是目的，只是達成目的中途站。

　　我嘗試以精神分析家溫尼科特的觀點「沒有嬰兒這件事，有的是嬰兒和母親」，申論這個說法來談論自由是怎麼回事？

　　溫尼科特的說法，在心理上有它的真實性，不少精神分析師透過他們的臨床經驗而相信這個主張。我的疑問是，不論人是如何成熟，如果心理深處仍有當年嬰兒

和母親一體感的經驗，那麼自由是什麼呢？

　　相對於，克萊因的論點，她是從嬰兒本身的自主性出發，尤其是強調嬰兒受自身死亡本能和破壞本能的投射，影響了和母親及他人的關係。這是純粹從嬰兒就是一個獨立的個體出發，不過溫尼科特從嬰兒和母親的合體出發，在理論和技術上是發展出不同的方向。這是另一個故事，如果只針對自由的課題，溫尼科特的假設是，人在成長過程就是注定需要，被叫做「母親」的象徵者的注視和擁抱。

　　發展出自體心理學的寇哈特的鏡映（mirroring）的說法，也許和溫尼科特的說法是相接近的，嬰兒的成長過程，對於自己的存在和自尊的建構，是需要母親的注視和回應時，就意味著在「自己」的建構過程，是需要另一個人的。溫尼科特給「母親」的功課是，只要恰恰好，不是完美的好，後者可能帶來具有破壞力的結果。

　　如果從這個主張來說，什麼是自由呢？或自由是有可能的嗎？這涉及了嬰兒需要母親眼光的肯定，是否會是小孩後來的牽絆？或是一種鼓勵？如果是牽絆般的需要，也許我們可以明白說這還不是自由，雖然不再需要母親的擁抱，但是對於被母親的肯定仍是必要的渴求，甚至如果沒有得到，就會變得自己好像不見了的感受，這讓他的自由是受困的，也是有著牽絆。

　　不過如果我們說，他長大了，成熟了，但對母親或

對被他移情爲母親的象徵者，他們的某些作爲被他當作
是肯定的動作或話語時，他會覺得很有成就感，也覺得
這是他心中的某種需求，只是他不把被肯定的需求變成
奪取式的渴望，而是如果有被讚許的經驗，他會覺得很
有成就感，會成爲再往前走的灌漑力量，這意味著他沒
有自由嗎？

　　也許可以再問的是，是否人有了自由，就意味著人
不再需要被他人讚許了？或者從另一角度來說，有自由
是否是一種隨時可以抛棄這些期待，包括有人讚許和肯
定的狀態？或說是可有可無，是這樣嗎？這種期待不會
是需要他去操縱而獲得，他可以不需要操作而只是等待
他人的讚許，或者不是一種辛苦而是自然的等待，不需
要爲這種等待投資什麼力氣？

　　上述的提問都涉及了什麼是自由的定義。自由可以
是一種簡單的感受，但化爲上述文字的說明，涉及的卻
是，自由有各種的狀態。引用佛禪宗的說法，人在解脫
後，是佛也可殺，佛像也可燒掉的境界，這種「解脫」
也是自由的別名？只是這種境界是容易做得到或者是人
做得到的嗎？這些概念和長大後的自由，是一般說的在
心中也是象徵式殺掉了父母的意思？這是心理學的說法，
不是眞的殺掉具有身體的父母，或是小時候經驗裡那個
嬰兒和母親合體的母親。

　　合體的母親有可能被移除嗎？是否這種移除就等於

也把自己移除掉了，變成連自己也不見了，而不是自由
呢？或者在深度心理學上，是有可能最後達到那種合體
感完完全全消失了？或者這種合體感是不可能消失的，
是永遠的存在？或就算是需要從這種合體獲得自己想要
的讚許和肯定，仍是具有讓個體能夠自由的感受？

　　也許這些是過於抽象的思考，不過在臨床上卻是多
種可能性，一般可以從自由至不自由的系譜來談自由，
我則試著提供另一個角度，嬰兒和母親的合體感和後來
人的自由的關係是什麼？不過這個角度的思索，涉及了
相關的精神分析技藝和態度作為基礎，只是在本文，我
不是以談論技術為主，因為前述的克萊因和寇哈特的論
點，如果被運用來想像自由是什麼時，也會涉及他們在
臨床實作時的技術課題、理論思索和相關技術其實也是
合體的，談論理論是不可能不涉及相關的技術觀點。

　　因此也可以從精神分析「理論」和「技術」的合體，
一體感是不可分的，永遠不可分，但是「嬰兒」和「母
親」的合體，是否也永遠不可分？這讓人的自由永遠有
了侷限？但是這種侷限可能不見得會被意識到？或者這
才是人的實情，有了這些合體感作為支撐，才是人們談
自由或得以有自由的必要基礎？

論 / 自戀

不論我們把「自戀」這兩個字說得多麼大聲，多麼深刻，其實說的人和聽的人都可能不知道自己在說什麼。但字裡行間卻又有某些跡象值得描述，這些跡象是古老的遺跡，一個小孩活在自己的世界裡，連奶水也是自己發明出來的，不是來自叫做媽媽的人給他的。因此當他餓了時，如果奶水沒有即時來，他生氣的對象是誰？對母親或是對自己呢？因為叫做母親的人抱著他、看著他，可能都是自己給的角色，或者甚至自己這個詞也是多餘的，不需要的。

這樣的世界真的還會存在成人的身上嗎？就潛意識的心理學來說，先假設是有這種場景存在，只是等待被發現。我們無法知道古蹟被發現時，古蹟的心情是什麼？但是我們倒是常見，內心裡這種原始狀態被發現時，幾乎會被自己趕緊遮掩著，雖然和他相處的人可能一點也不驚訝，覺得他何必遮掩呢？他不就是那樣子嗎？

如果要我先下結論，但又不妨礙繼續談的方式是，其實「自戀」所代表的領域，是無法使用語言說得到的領域，因為它以各式行動方式存在於問題和症狀裡。在我們事後回頭時，才會驚覺剛剛它有來過了，無聲無息。但是我們無法確定，它是否離開了？或者更令人震驚的是，可能會覺得它無所不在，因此擁有各種樣貌。

　　佛洛伊德1914年在《On narcissism: an introduction》
才試著直接談論自戀這件事，而且很客氣地在標題上還
加個副標是：「引言」。只是引言。不過在他的後設心
理學裡，卻可以說是走進了另一個階段，從精神官能症
的視野，再打開一個生命更早期，更難以述說，需要更
多猜測的領域，在目前也許可以說是精神病或邊緣型或
自戀型人格的素材。佛洛伊德在另一篇《自我防衛過程
裡的分裂機制》（Splitting of the ego in the process of
defence,1938）裡進一步論述，比潛抑等精神官能症的防
衛機制更原始的分裂機制的作用。

　　這些論點替後來的克萊因鋪了一些路，她也是以自
戀爲焦點，但更著重它的破壞力裡隱含的死亡本能，因
而在技藝上發展出了，針對負面破壞的移情作爲詮釋的
焦點。而寇哈特的自體心理學也是以自戀作爲研究焦點，
相對的是他強調的是生的本能的力量，雖然他不見得樂
意以「本能」的語詞來形容自己的理論。這是一種相信，
只要個案持續地探索自己，自戀的力量會護送他往前走，
但是需要另一個人作爲看見他的人，因此，有「自體-客
體」移情的論述。

　　至於被稱爲客體關係理論者，巴林在他的論述裡有
個第三區塊，是自戀的區塊，他說這個領域是難以言說
的場域，卻是生命創造力的重要來源。

　　雖然前述的種種說法都是針對自戀的場域，但是視

野的焦點仍是不同的，因此當我們說自戀時，到底是指什麼呢？或者在同一個師門下使用相同的定義，就意味著那就是自戀嗎？因為我們只能從它的種種變形的樣貌，來捕捉它曾出現過。也就是我們只能見它的分身，而本尊卻仍難以捉摸。

這種難以捉摸的情況，只要有心理治療經驗的人，大概都經歷過，無論治療師覺得自己做得如何，某些個案卻總是讓人不確定，下一次是否會再出現？這種以出現和不出現所呈現出來的原始人性，如果治療師都難以確定，那麼當我們說自戀這個語詞的時候，我們是了解自戀的嗎？我們是可以說清楚它是什麼的嗎？

或依著比昂的說法，精神分析家追尋真理（truth）的路途來說，是到最後能夠發現，原來好或壞的客體是同一個人。這種好壞的二分法，背後的分裂機制就是讓自戀的外顯樣貌多形化的緣由。當我們覺得自己離這個真理有多遠，就意味著這個距離所代表的是人性有多寬廣，這個距離也許呈現在你想要對某人說一句真心話，你覺得這是你絕對的「真心話」，你很自戀，那麼你覺得這句話會被聽進去，而且被好好消化的可能性和落差有多大？除非你是故意要惹怒對方，不然那種被聽進去的距離，就是我們對自戀的本尊有多麼不了解的距離。

這些不了解，是現實，卻是精神分析開始的地方。因為不了解且難以言語抵達，因此需要更多的語言和想

像來猜測它。精神分析取向者，不論精神分析師或精神
分析取向心理治療師，也許都需要這種不信邪的精神，
替佛洛伊德在《論自戀：引言》的下一章增添我們的貢
獻。

　　最後一個奇想，就像二三十年前不可能以「有憂鬱
症」來解釋某些問題的緣由或者是可以休假的理由。那
麼，有可能在很多很多年後，可以說「有自戀症」而作
為跟老板請假的理由嗎？這表示我們理解它更多了，或
者整個世界是顛倒走了呢？

跋

彭奇章/

之一：誰來自風和日麗

「即使身爲發表社會性言論的知識份子，也沒有必要因爲對錯綜複雜的過去保持沉默並生活過來而感到恥辱。」這是大江健三郎曾經說過的一段話。這段話對於從事矯正體系治療工作的每個人來說，相信都很眞實、溫暖。或者應該說，對於牽涉到每個治療環節的相關人員，甚至包括團體中的受刑人來說，都很眞實、溫暖。

本書得以完成，首先要感謝蔡榮裕醫師，在長年的督導過程中，展現等同於上述那段話的包容態度，讓在第一線的我們漸漸有了接納與承認不完美的勇氣。除此之外，在這個必須強調自己快速且有效的年代裡，他總是提醒著我們，要站在勤勉與誠實的一方。每當我們因爲疲累或無助而思考固著時，就會聽見蔡醫師話語背後藏有的那句弦外之音：「不要懶惰！」，我相信這是催生出此書的最大動力。

在嘗試不同的想法與累積實踐經驗的同時，重要的是與經驗豐富的前輩有對話的機會。在此特別感謝沈勝昂教授，一直願意給予後生這樣的機會。在每次交流的

過程中，他總是提醒著不要忽略追蹤每次治療中的特定發現，以免讓曾經浮現的契機被遺忘在下一次的治療中，而前功盡棄。沈教授那股直率與殷切雖常令我倍感壓力，但也充滿鬥志。

接著要感謝另一位共同作者彭瑋寧心理師，在這些年的合作裡，即使我們並不總是意見一致，甚或有過爭執，而她從未放棄過真誠溝通的態度，讓我們在面對這份煎熬的工作時，能因著這份真誠的合作與支持，保有持續周旋的鬥志。她也提供了治療位置之外的視野，提醒著我們與多方角色黏著、思考的重要性。而這也大大豐富了構思此書的視野。

另外還有好多人要感謝。特別有一群跟著我們實際參與第一線工作的年輕學員們，崇惠、溫穎、明峰、屏竹與潔妤。感謝他們長時間的觀察、記錄與坦率討論，為本書帶來豐富的回憶素材，未來他們都是這份艱鉅工作的曙光。

還有一群精神壓力與責任擔子都更沉重的評估委員們，他們是黑著臉的無名英雄，扮演第一線工作人員另一個消化的胃，也扮演著最煎熬的剎車皮。還有監所中辛苦的戒護人員們，他們為這個極為特殊的治療情境扶持住一個安全的空間，無論是心理性的還是物理性的。上述各方人員都會適時反應出許多來自第三方的視野，幫助我們反思著在治療位置上可能的盲點，也幫助我們

累積出這本書目前所記錄著的點點滴滴。

　　回首向來蕭瑟處，也許有意義的不是腳印，而是方向感。有了下一趟跋涉的方向感之後，就更珍惜這段長途旅程的點點滴滴，也有止不住的感謝。

彭瑋寧/

之二：一顆等待萌芽的種子

在監獄中，試著請個案自由聯想、請他們做自己，這樣的邀請像不像是在邀請個案做一場夢？從開始書寫到真的成章成篇，這一切對我而言也像是一場夢。感謝奇章，在監獄的心理治療工作帶進精神分析思維，這真的需要一些天份，才能創造出監禁下的自由腦袋！此書能誕生，最感謝的是蔡榮裕醫師不辭辛勞又無私的每週督導，讓我於此困難工作挫折下還有些安身立命的感受。蔡醫師耐心陪伴我們思索這些困難的經驗，才有機會緩緩整理出這些經驗下的文字。

回頭再看一次這幾篇經驗的整理，自己身為矯正體系內的工作者及心理治療者的衝突更為明顯。身為矯正體系工作者理應讓個案認錯反省，而身為治療師卻希望給予個案空間思索修復創傷；兩種角色的交錯，使得論述看來或許時而太理想化，時而又太沉重。

從感受聯想到的一些電影片段，也許能更生動描述某些工作時所體驗到的複雜。例如，司法個案在體制中被要求或期待改變的環境下，什麼叫做「好好改變自己」？達米恩‧查澤雷《進擊的鼓手》中，描述追逐體制

或世俗定義的成功過程，是何其容易崇拜、幻滅，從中要如何不被失望挫敗，而創造出屬於自己卻又不推翻原本權威的價值觀？性侵害加害人在描述自身故事中的無解難題，也讓人聯想到阿莫多瓦的電影《切膚慾謀》裡施虐與受虐的重複、報復與慾望的混合以及受苦於空虛及渴望與人連結的感受。

特別感謝矯正署黃俊棠署長對司法心理治療的重視，期待本書能讓社會大眾看見圍牆內工作的不易，以及矯正體系一直努力與許多專業人員默默地付出與努力。感謝矯正署鍾志宏科長及銘傳大學朱春林老師在司法及性侵害加害人的研究，著實帶領了莘莘學子的投入。感謝劉昕蓉科長及林光毅科長於業務上的協助以及對專業的支持。還有實務工作中擔任觀察者的學生：崇惠、溫穎、明峰、屏竹及潔好。觀察另一個團體的學生：郁琳、維廷及子翎，謝謝你們的熱情與回饋。

雖然在台灣對司法個案的精神分析取向的心理治療尚在萌芽階段，但在英國的精神分析取向治療機構——波特曼心理治療中心（Portman Clinic），是從1930年就開始協助性變態、性罪犯及暴力罪犯者。期待此書是一個開端，以精神分析觀點思索司法心理治療的困境，思索自身的盲點，試著讓心理治療與司法體系能相輔相成。

蔡榮裕/

之三：尋找，是否還有餘地？

　　首先感謝楊添圍院長、吳建昌主任、王俸鋼主任、朱春林教授、沈勝昂教授、黃俊棠署長等六位的推薦序，讓奇章和瑋寧多年來的合作和思索的文字得以被看見。我是作為幫腔者，站在一旁助陣。

　　每一位犯行者，雖然各有他們的創傷和辛酸，但是也有更多的受害者的淚水。在這些文字的背景裡，我相信不論何種取向的處遇模式，都不可能忽略這些背後的淚水，雖然這不是本書的焦點。

　　我們深知這項任務是恐懼和不安的集大成；無論第一線的工作人員和心理治療者以及整個社會，面對其中的不可預測性時，所帶來的恐懼及憤怒。這也是第一線工作者的掙扎，如何在這些複雜的感受下，維持著可以有逐漸擴大了解的空間，不是滿足於習以為常，卻有限解決問題的論述裡，而仍能保持著工作的動力，是相當高的挑戰。

　　我們埋頭的討論後，有了這些文字的發表，已經在文章裡表達了我們對於這項工作的慎思。但不希望我們

的經驗流逝了，因而有了文字發展的想法和動力，就是讓這些文字作為一種見證，代表這個時代的某些想法。我相信各位讀者，也會跟我們在這項工作的困局和侷限裡浮沈，想著是否還有更好，更能確保目的的工作模式？我們不排除這種可能，只是也深深了解它的困難，但是如果只被困難淹沒掉，也是奇怪的事。

感謝讀者的閱讀和思索。這是我們多年來嚴謹的工作和討論後，覺得這是目前可以拿出來見世面的想法，但這些不是最後的說法。我們不排除適當的時候，再以其它文字來消化我們一路上所經驗的內容。也就是，仍有很多話還沒有說完，這是指還有很多經驗，片片斷斷的型式，如記憶的孤島般，等待我們再以文字作為橋樑，串連起來。

雖然宣稱這是精神分析取向的工作，我們深知離理想的精神分析取向的工作是有距離的，包括場地的所在、參與者的意願和動機，以及我們在精神分析的有限經驗等侷限，如果要精準的表達這本書的意圖，也許是說，我們嘗試以精神分析的臨床經驗和理論，消化這群犯行者的種種說法和態度，並試圖在這些說法和態度裡，尋找，是否還有餘地？

|圍牆裡的精神分析|
監所性侵犯治療的困局 × 語言的想像

作　　　者 | 彭奇章 / 彭瑋寧 / 蔡榮裕
執 行 編 輯 | 游雅玲
校　　　稿 | 葉翠香

封 面 設 計 | 楊啓巽
版 面 設 計 | 荷米斯廣告設計有限公司
印　　　刷 | 侑旅印刷事業股份有限公司

──────── 精神分析系列 ────────
【在場】精神分析叢書　　　策劃 | 楊明敏
【思想起】潛意識叢書　　　策劃 | 蔡榮裕
【生活】應用精神分析叢書　策劃 | 李俊毅

出　　版 | Utopie 無境文化事業股份有限公司
地　　址 | 802高雄市苓雅區中正一路120號7樓之1
電　　話 | 07-3987336
E-mail | edition.utopie@gmail.com

初　　版 | 2018年6月
I S B N | 978-986-96017-0-2
定　　價 | 380元

國家圖書館出版品預行編目(CIP)資料

圍牆裡的精神分析：監所性侵犯治療的困局x語言的想像 / 彭奇章,彭瑋寧,蔡榮裕作.
　-- 初版. -- 高雄市：無境文化, 2018.06 面；公分.
　-- ((生活)應用精神分析叢書；4)　ISBN 978-986-96017-0-2 (平裝)
　1.性犯罪 2.精神分析 2.心理治療 4.個案研究　175.708　107006011